Schule - dudal   2
Reise - dannagol   5
Transport - taraspoor   8
Stadt - wuro mowngu   10
Landschaft - yiyande taariinde   14
Restaurant - restora   17
Supermarkt - sipermarse   20
Getränke - njaram   22
Essen - ñaamdu   23
Bauernhof - ngesa   27
Haus - galle   31
Wohnzimmer - suudu yeewtere   33
Küche - waañ   35
Badezimmer - tarodde   38
Kinderzimmer - suudu sakaaɓe   42
Kleidung - comcol   44
Büro - gollirgal   49
Wirtschaft - faggudu   51
Berufe - haajuuji   53
Werkzeuge - kuutorde   56
Musikinstrumente - kongirgon misik   57
Zoo - nokku kullon   59
Sport - coftal ɓalli   62
Aktivitäten - golle   63
Familie - ɓesngu   67
Körper - ɓandu   68
Krankenhaus - suudu safirdu   72
Notfall - irsaans   76
Erde - Leydi   77
Uhr - montoor   79
Woche - yontere   80
Jahr - hitaande   81
Formen - Mbaadi   83
Farben - kuloraaji   84
Gegenteile - ceertude   85
Zahlen - limorde   88
Sprachen - demde   90
wer / was / wie - holi oon / hol dum / no   91
wo - hol toon   92

AF199078

Impressum
Verlag: BABADADA GmbH, Nedderfeld 112 , 22529 Hamburg
Geschäftsführer / Verlagsleitung: Harald Hof
Druck: Books on Demand GmbH, In de Tarpen 42, 22848 Norderstedt

Imprint
Publisher: BABADADA GmbH, Nedderfeld 112 , 22529 Hamburg, Germany
Managing Director / Publishing direction: Harald Hof
Print: Books on Demand GmbH, In de Tarpen 42, 22848 Norderstedt, Germany

1

Schule
duɗal

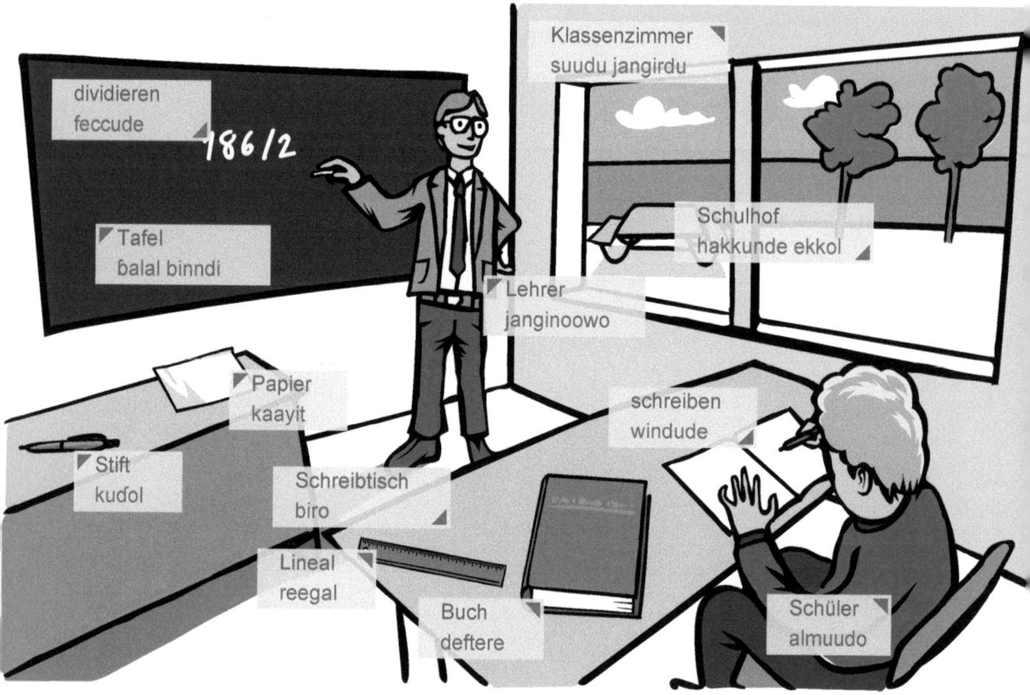

Klassenzimmer
suudu jangirdu
dividieren
feccude
186/2
Tafel
ɓalal binndi
Schulhof
hakkunde ekkol
Lehrer
janginoowo
Papier
kaayit
schreiben
windude
Stift
kuɗol
Schreibtisch
biro
Lineal
reegal
Buch
deftere
Schüler
almuudo

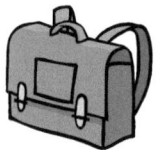

Ranzen

kartaabal

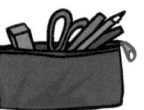

Federmappe

moftirdo kereyonji

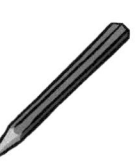

Bleistift

kereyo

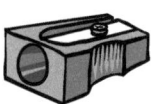

Bleistiftanspitzer

ceeɓnirgel kereyon

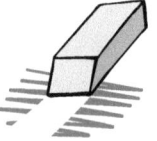

Radiergummi

momtirgel

Zeichenblock

alluwal ciifirgal

Zeichnung

ciifgol

Pinsel

limsere pentirteeɗo

Malkasten

suwo pentirɗo

Schere

sisooji

Klebstoff

ɗakkorgal

Übungsheft

deftere ekkorgal

Hausaufgabe

golle janŋde

12

Zahl

niimara

2+2

addieren

ɓeydude

5-2

subtrahieren

ustude

2×2

multiplizieren

ɓeydude keeweendi

rechnen

qimaade

A

Buchstabe

ɓataake

**ABCDEFG
HIJKLMN
OPQRSTU
VWXYZ**

Alphabet

karfeeje

hello

Wort

kongol

Text
bindol

lesen
jangude

Kreide
bindirgal

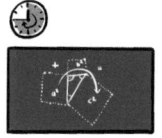

Stunde
darsu

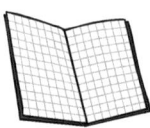

Klassenbuch
winditaade

Prüfung
egsame

Zeugnis
sartifika

Schuluniform
comcol duɗal

Ausbildung
janŋde

Lexikon
ansikolopedi

Universität
duɗal jaaɓi haɗtirde

Mikroskop
mikoroskop

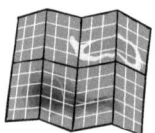

Karte
kartal

Papierkorb
suwo kurjut

Reise
ɗannagol

Hotel
otel
Grand
Herberge
obers
ROOMS
CHANGE
Wechselstube
nokku beccugol e neldugol
Koffer
waxannde
Auto
oto

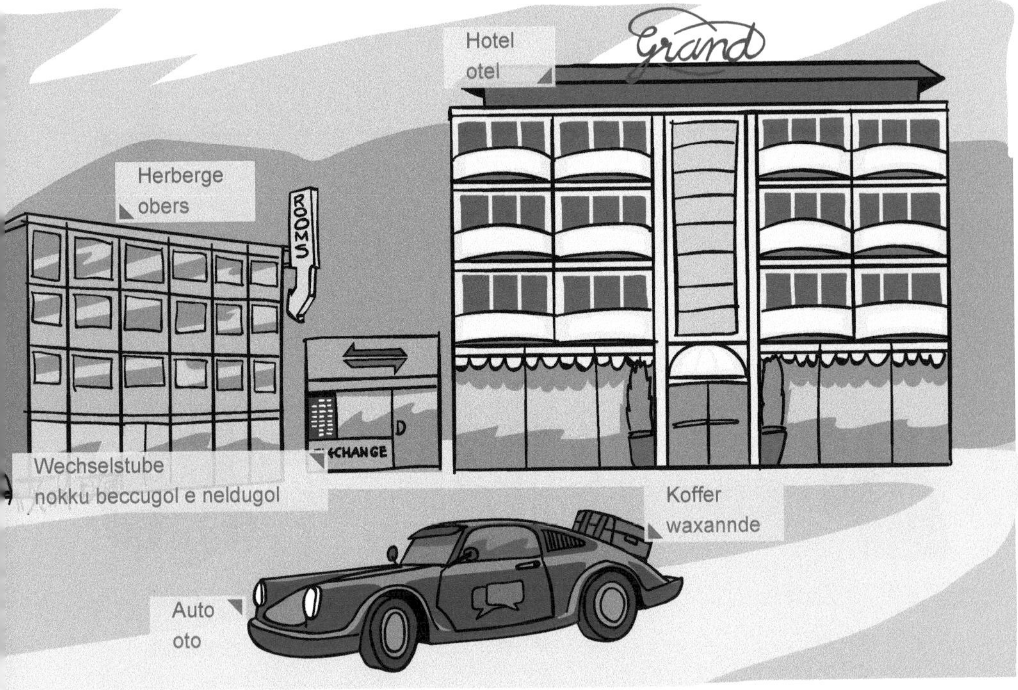

Sprache
ɗemngal

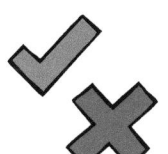

ja / nein
Eey / ala

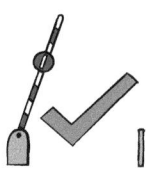

Okay
Moƴƴi

Hallo
mbaɗɗa

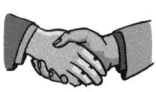

Übersetzer
pirtoowo

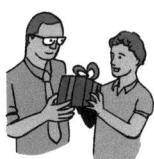

Danke
A jaraama

Was kostet…?

no foti…?

Ich verstehe nicht

Mi faamaani

Problem

hanmi

Guten Abend!

Jam hiri!

Guten Morgen!

Jam waali!

Gute Nacht!

Mbaalen e jam!

Auf Wiedersehen

ñande woɗnde

Richtung

laawol

Gepäck

bagaas

Tasche

saawdu

Rucksack

saawdu wambateendu

Gast

koɗo

Zimmer

suudu

Schlafsack

njegenaaw

Zelt

caalel ladde

Touristeninformation

kabaruuji tuurist

Strand

tufnde

Kreditkarte

kartal banke

Frühstück

kacitaari

Mittagessen

bottaari

Abendessen

hiraande

Fahrkarte

biye

Fahrstuhl

suutde

Briefmarke

tampon

Grenze

keerol

Zoll

duwaan

Botschaft

ambasad

Visum

wiisa

Pass

paaspoor

Transport
taraspoor

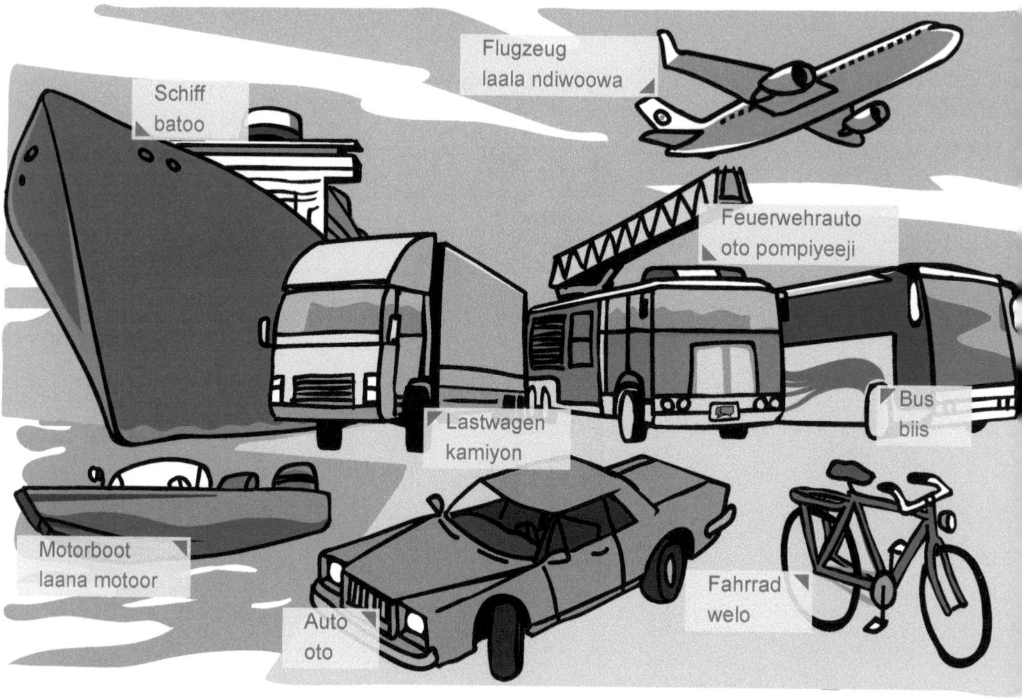

Flugzeug
laala ndiwoowa
Schiff
batoo
Feuerwehrauto
oto pompiyeeji
Bus
biis
Lastwagen
kamiyon
Motorboot
laana motoor
Fahrrad
welo
Auto
oto

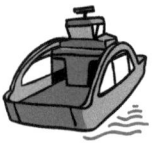

Fähre

batoo

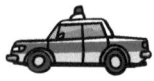

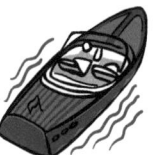

Boot

laana

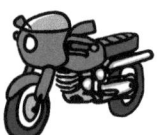

Motorrad

welo

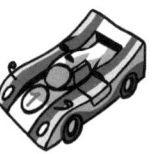

Polizeiauto

oto polis

Rennauto

oto dogirteeɗo

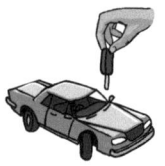

Mietwagen

oto luwateeɗo

Carsharing

dendugol oto

Abschleppwagen

oto dandoowo goɗɗo

Müllauto

oto kurjut

Motor

motoor

Kraftstoff

karbiran

Tankstelle

nokku esaans

Verkehrsschild

tintinooje yaangarta

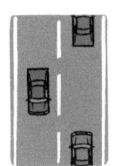

Verkehr

yaa ngarta

Stau

jiiɓo yaa ngarta

Parkplatz

dingiral otooji

Bahnhof

dingiral laana leydi

Schienen

laaɓi

Zug

laana leydi

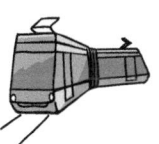

Straßenbahn

laana ndegoowa

Wagon

saret

Helikopter

elikopteer

Flughafen

ayrepoor

Tower

tuur

Passagier

wonɓe e laana

Container

konteneer

Karton

karton

Karren

duñirgel kaake

Korb

basket

starten / landen

diwde / juuraade

Stadt

wuro mowngu

Dorf

wuro

Stadtzentrum

hakkunde wuru wowngo

Haus

galle

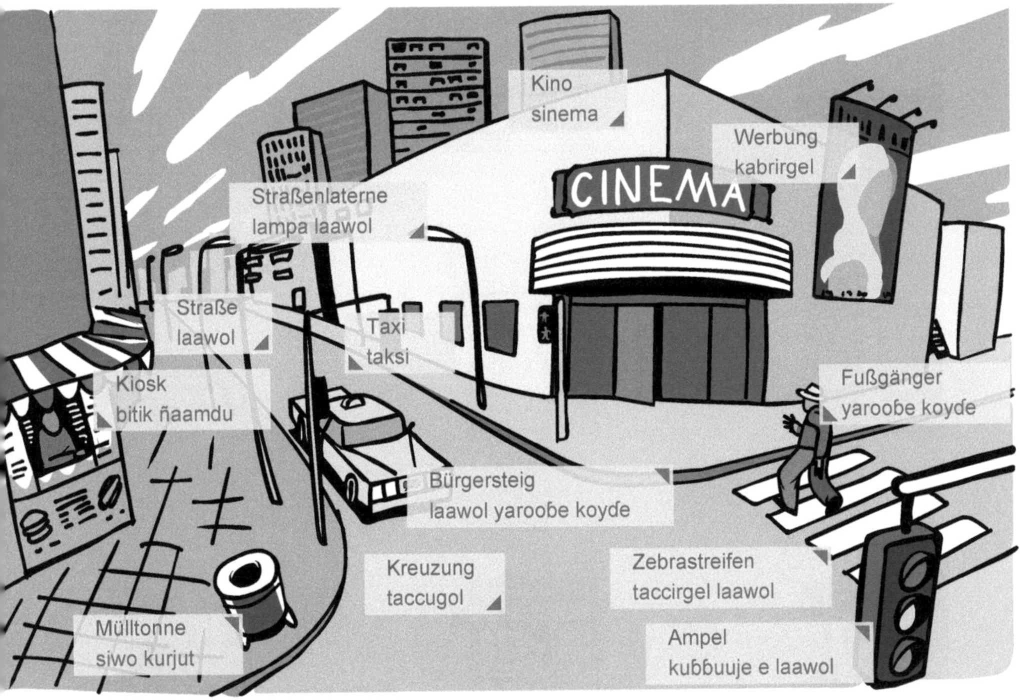

Kino
sinema

Werbung
kabrirgel

Straßenlaterne
lampa laawol

CINEMA

Straße
laawol

Taxi
taksi

Kiosk
bitik ñaamdu

Fußgänger
yaroobe koyɗe

Bürgersteig
laawol yaroobe koyɗe

Kreuzung
taccugol

Zebrastreifen
taccirgel laawol

Mülltonne
siwo kurjut

Ampel
kuɓɓuuje e laawol

Hütte
....
tiba

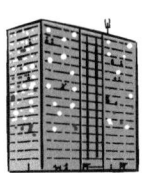

Wohnung
....
ko foti

Bahnhof
....
dingiral laana leydi

Rathaus
....
meeri

Museum
....
miise

Schule
....
duɗal

Universität

dudal jaabi hadtirde

Bank

banke

Krankenhaus

suudu safirdu

Hotel

otel

Apotheke

farmasi

Büro

gollirgal

Buchhandlung

suudu defte

Geschäft

bitik

Blumenladen

jeyoowo fuloraaji

Supermarkt

sipermarse

Markt

jeere

Kaufhaus

madase mawdo

Fischhändler

jeyoowo liddi

Einkaufszentrum

nokku coodateedo

Hafen

poor

Park
park

Bank
joodorgal

Brücke
taccirgal

Treppe
ŋabbirɗe

U-Bahn
laawol metero

Tunnel
laawul les leydi

Bushaltestelle
fongo biis

Bar
baar

Restaurant
restora

Briefkasten
buwaat postaal

Straßenschild
lewñowel laawol

Parkuhr
to otooji ndaroto

Zoo
nokku kullon

Badeanstalt
pisin

Moschee
jama

Bauernhof
ngesa

Umweltverschmutzung
gakkingol hendu

Friedhof
bammule

Kirche
egiliis

Spielplatz
dingiral

Tempel
tampl

Landschaft
yiyande taariinde

Blatt
baramlefol

Wegweiser
tugayal tintinirgal

Weg
laawol

Wiese
Huɗo sukkuko

Stein
haayre

Baum
lekki

Wanderer
ŋayloowo

Fluss
maayo

Gras
huɗo

Blume
fuloor

Tal
nokku kaañe mawɗe to
ndiyam dogata

Berg
waande

See
weedu

Wald
ladde

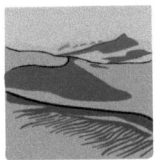

Wüste
ladde yoornde

Vulkan
wolkan

Schloss
satoo

Regenbogen
timtimol

Pilz
sampiñon

Palme
leki palm

Moskito
ɓowngu

Fliege
diwde

Ameise
njabala

Biene
mbuubu ñaak

Spinne
njabala

Käfer

hoowoyre keppoore

Frosch

faabru

Eichhörnchen

doomburu ladde

Igel

sammunde

Hase

fowru

Eule

pubbuɓal

Vogel

colel

Schwan

kakeleewal ladde

Wildschwein

mbabba tugal

Hirsch

lella

Elch

Nagge nde galladi cate

Staudamm

baraas

Windrad

masiŋel battowel hendu jeynge

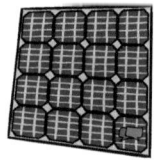

Solarmodul

Lowowel nguleeki

Klima

kilima

Restaurant

restora

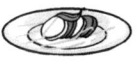

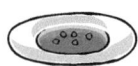

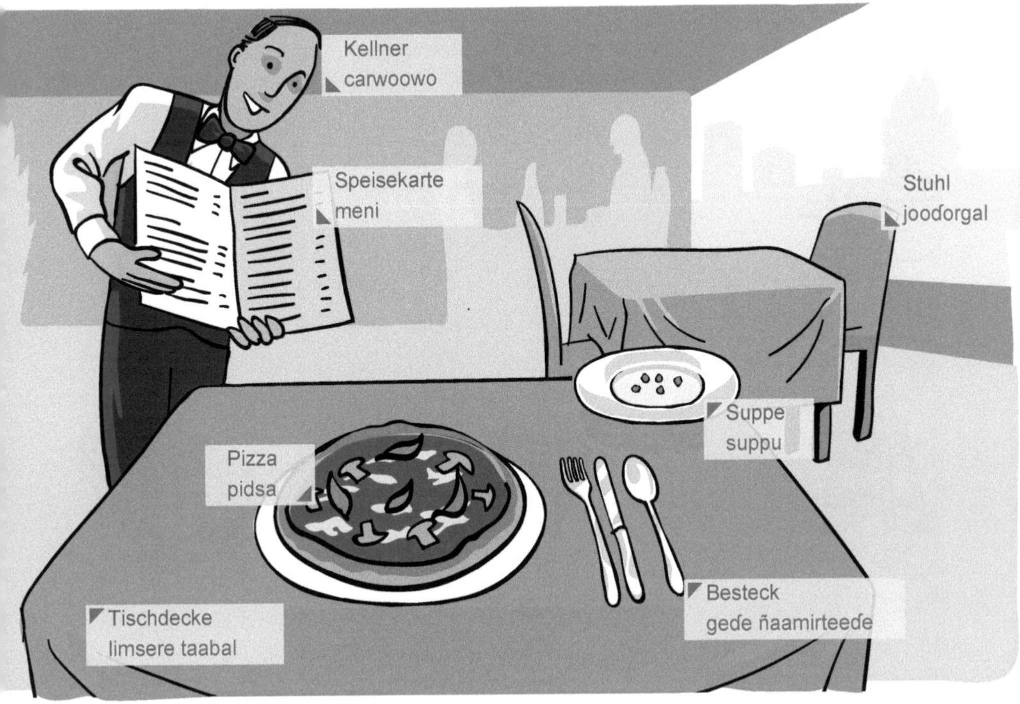
Kellner
carwoowo
Speisekarte
meni
Stuhl
jooɗorgal
Suppe
suppu
Pizza
pidsa
Besteck
geɗe ñaamirteeɗe
Tischdecke
limsere taabal

Vorspeise
tongitirgel

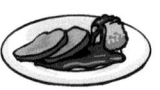

Hauptgericht
ñaamdu nguraandi

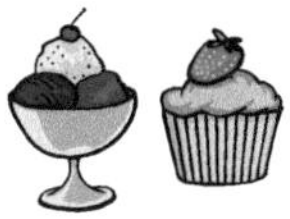

Nachspeise
tuftorogol

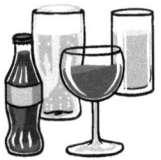

Getränke
njaram

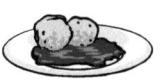

Essen
ñaamdu

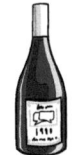

Flasche
butel

Fastfood

fast fud

Streetfood

ñaamdu laawol

Teekanne

baraade

Zuckerdose

cupayel suukara

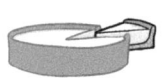

Portion

geɗel

Espressomaschine

Masinŋ kafe

Hochstuhl

jooɗorgal toowngal

Rechnung

biye

Tablett

ñorgo

Messer

paaka

Gabel

furset

Löffel

kuddu

Teelöffel

nokkere kuddu

Serviette

sarbet

Glas

weer

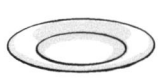

Teller

palaat

Suppenteller

palaat suppu

Untertasse

cupayel

Sauce

soos

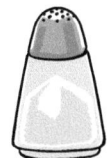

Salzstreuer

pot lamdam

Pfeffermühle

moññirgal poobar

Essig

bineegara

Öl

nebam

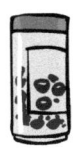

Gewürze

kaadnooje

Ketchup

ketsap

Senf

muttard

Mayonnaise

mayonees

Supermarkt
sipermarse

Angebot
ngustugul coggu
FOR
Kunde
kiliyaan
Milchprodukte
kosameeje
Obst
ɓikkon leɗɗe
Einkaufswagen
daasirgel

BUTCHERS

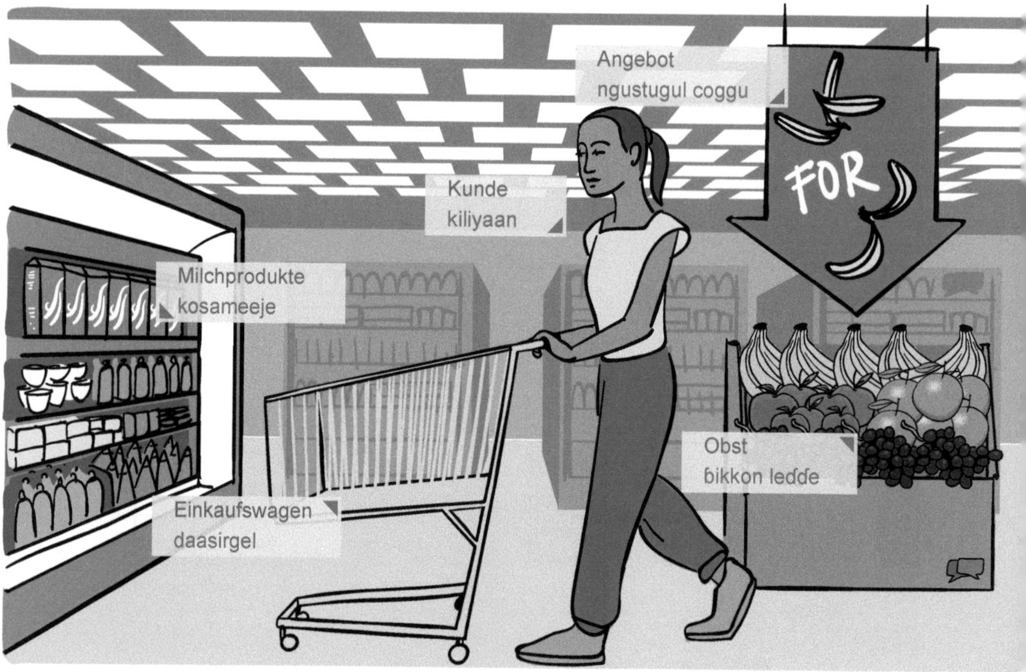

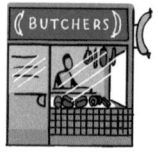

Schlachterei

jeyoowo teew nagge

BAKERY

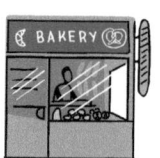

Bäckerei

judoowo mburu

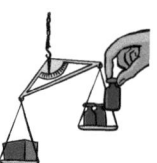

wiegen

ɓetde

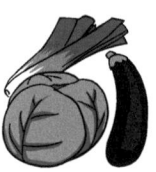

Gemüse

lijim

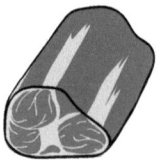

Fleisch

teew

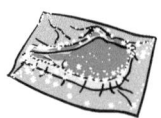

Tiefkühlkost

ñaamdu ɓumnaandu

Aufschnitt

teew moftaaɗo

Konserven

ñaamdu nder buwat

Waschmittel

condi lawyirteendu

Süßigkeiten

bonboonji

Haushaltsartikel

geɗe ngurdaaɗe

Reinigungsmittel

porodiwiiji laaɓnirni

Verkäuferin

julaaajo

Kasse

haa

Kassierer

kestotooɗo

Einkaufsliste

limto coodateeɗi

Öffnungszeiten

waktuuji golle

Brieftasche

kalbe

Kreditkarte

kartal banke

Tasche

saak

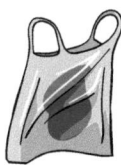

Plastiktüte

saak dalli

Wasser

ndiyam

Saft

njaram

Milch

kosam

Cola

yulmere

Wein

sangara

Bier

sangara

Alkohol

sangara

Kakao

kakao

Tee

ataaya

Kaffee

kafe

Espresso

kafe jon jooni

Cappuccino

kafe italinaabe

Banane

banaana

Apfel

pom

Orange

oraas

Melone

dende

Zitrone

limonŋ

Karotte

karot

Knoblauch

laay

Bambus

lekki bambu

Zwiebel

basalle

Pilz

sampiñon

Nüsse

gerte

Nudeln

espageti

Spaghetti
espageti

Reis
maaro

Salat
salaat

Pommes frites
firit

Bratkartoffeln
faatat cahaaɗo

Pizza
pidsa

Hamburger
amburgeer

Sandwich
sandiwis

Schnitzel
buhal baddangal e lijim

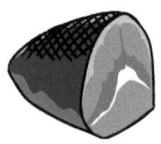

Schinken
buhal teew

Salami
kaane biyeteeɗo sosison

Wurst
sosis

Huhn
gertogal

Braten
defaɗum

Fisch
liingu

Haferflocken	Müsli	Cornflakes
ndefu gabbe kuwakeer	njilɓundi aɓuwaan e gabbe goɗɗe	kornfelek

Mehl	Croissant	Brötchen
farin	kurwasa	pe o le

Brot	Toast	Kekse
mburu	mburu juɗaaɗo	mbiskit

Butter	Quark	Kuchen
nebam boor	kosam kaaɗɗam	gato
		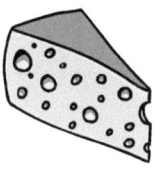
Ei	Spiegelei	Käse
ɓoccoonde	moccoonde fasnaande	foromaas

Eiscreme

kerem galaas

Zucker

suukara

Honig

njuumri

Marmelade

teew nagge

Nougat-Creme

nirkugol sokkola

Curry

suppu kaane

Bauernhof

ngesa

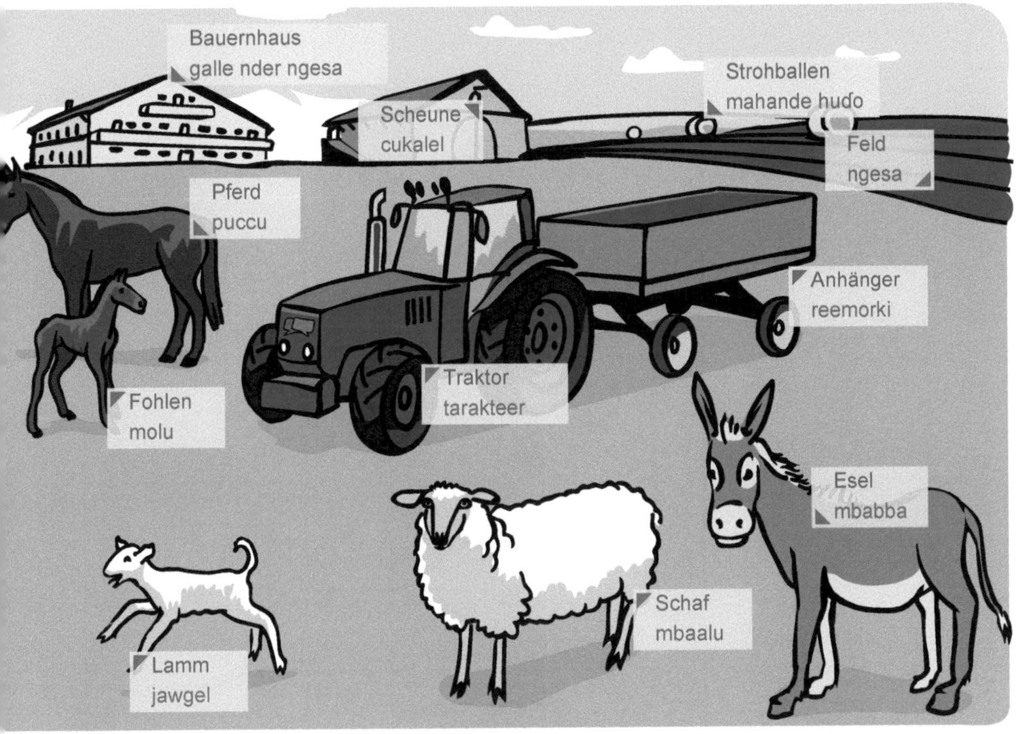

Bauernhaus
galle nder ngesa
Scheune
cukalel
Strohballen
mahande hudo
Feld
ngesa
Pferd
puccu
Anhänger
reemorki
Traktor
tarakteer
Fohlen
molu
Esel
mbabba
Schaf
mbaalu
Lamm
jawgel

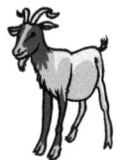

Ziege

ndamdi

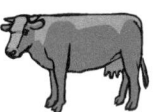

Kuh

nagge

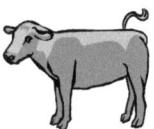

Kalb

mbeewa

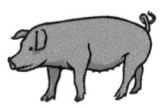

Schwein

mbabba tugal

Ferkel

ɓingel mbabba tugal

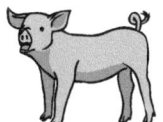

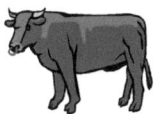

Bulle

ngaari ladde

Gans

jarlal ladde

Ente

gerlal

Küken

cofel

Huhn

jarlal

Hahn

ngori

Ratte

doomburu

Katze

ullundu

Maus

doomburu

Ochse

nagge

Hund

rawaandu

Hundehütte

nokku dawaaɗi

Gartenschlauch

tiwo sardin

Gießkanne

doosirgal

Sense

wofdu mawndu

Pflug

masinŋ demoowo

Sichel

wofdu

Hacke

coppirgal

Mistgabel

rato

Axt

hakkunde

Schubkarre

buruwet

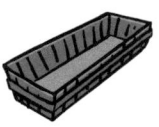

Trog

mbalka

Milchkanne

kosam buwat

Sack

saak

Zaun

kalasal galle

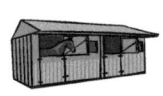

Stall

nokku pucci

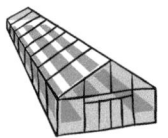

Treibhaus

inexistant

Boden

leydi

Saat

abbere

Dünger

nguurtinooje leydi

Mähdrescher

masinŋ coñirteeɗo

ernten

soñde

Ernte

soñde

Yamswurzel

ñambi

Weizen

bele

Soja

soja

Kartoffel

faatat

Mais

maka

Raps

abbere lekki kolsa

Obstbaum

lekki firwiiji

Maniok

ñambi

Getreide

sereyaal

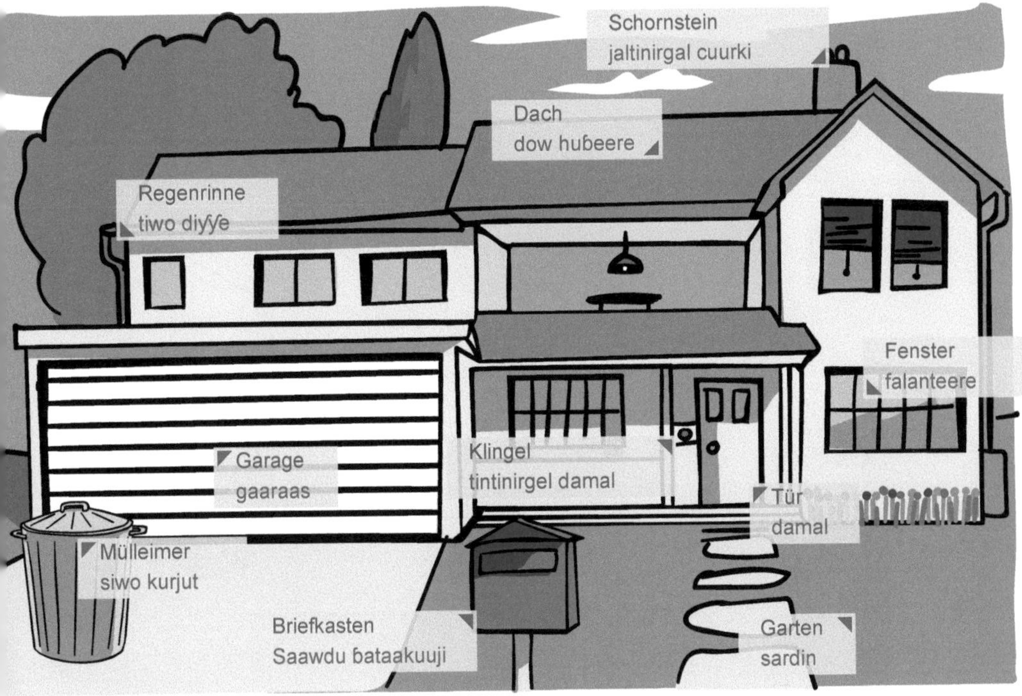

Schornstein
jaltinirgal cuurki

Dach
dow hubeere

Regenrinne
tiwo diyƴe

Fenster
falanteere

Garage
gaaraas

Klingel
tintinirgel damal

Tür
damal

Mülleimer
siwo kurjut

Briefkasten
Saawdu bataakuuji

Garten
sardin

Wohnzimmer
suudu yeewtere

Badezimmer
tarodde

Küche
waañ

Schlafzimmer
suudu waalduru

Kinderzimmer
suudu sakaaɓe

Esszimmer
suudu hiraande

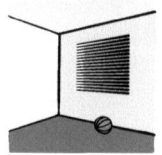

Boden

karawal

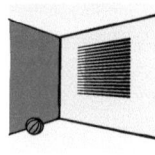

Wand

balal

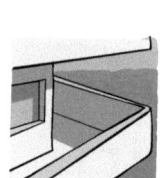

Decke

asamaan suudu

Keller

faawru

Sauna

soona e demngal farase

Balkon

balko

Terrasse

teeraas

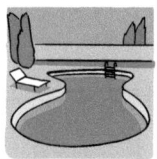

Schwimmbad

pisin

Rasenmäher

keefoowo hudo

Bettbezug

darap

Bettdecke

darap

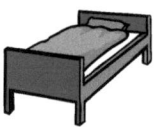

Bett

leeso

Besen

pittirgal

Eimer

suwo

Schalter

ñifirgel

Wohnzimmer
suudu yeewtere

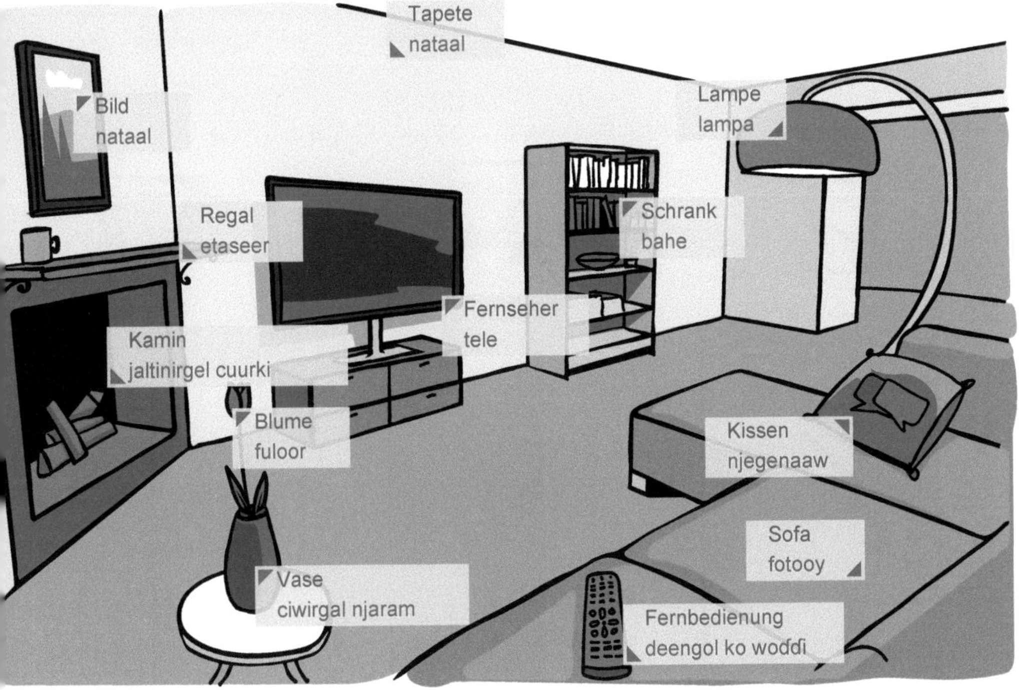

Tapete
nataal
Bild
nataal
Lampe
lampa
Regal
etaseer
Schrank
bahe
Fernseher
tele
Kamin
jaltinirgel cuurki
Blume
fuloor
Kissen
njegenaaw
Sofa
fotooy
Vase
ciwirgal njaram
Fernbedienung
deengol ko woɗɗi

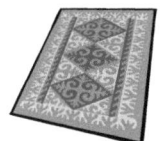

Teppich

tappi

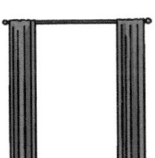

Vorhang

rido

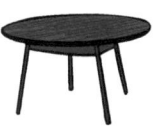

Tisch

taabal

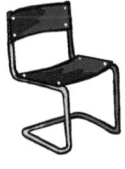

Stuhl

jooɗorgal

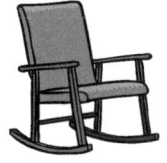

Schaukelstuhl

jooɗorgal timmungal

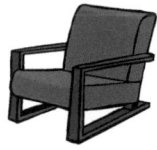

Sessel

jooɗorgal tuggateengal

Buch
deftere

Decke
cuddirgal

Dekoration
jooɗnugol

Feuerholz
leɗɗe kuɓɓateeɗe

Film
filmo

Stereoanlage
materiyel hi-fi

Schlüssel
coktirgal

Zeitung
kaayit kabaruuji

Gemälde
pentirgol

Poster
posteer

Radio
rajo

Notizblock
teskorgel

Staubsauger
boɗowel pusiyeer

Kaktus
kaktis

Kerze
sondel

Küche

waañ

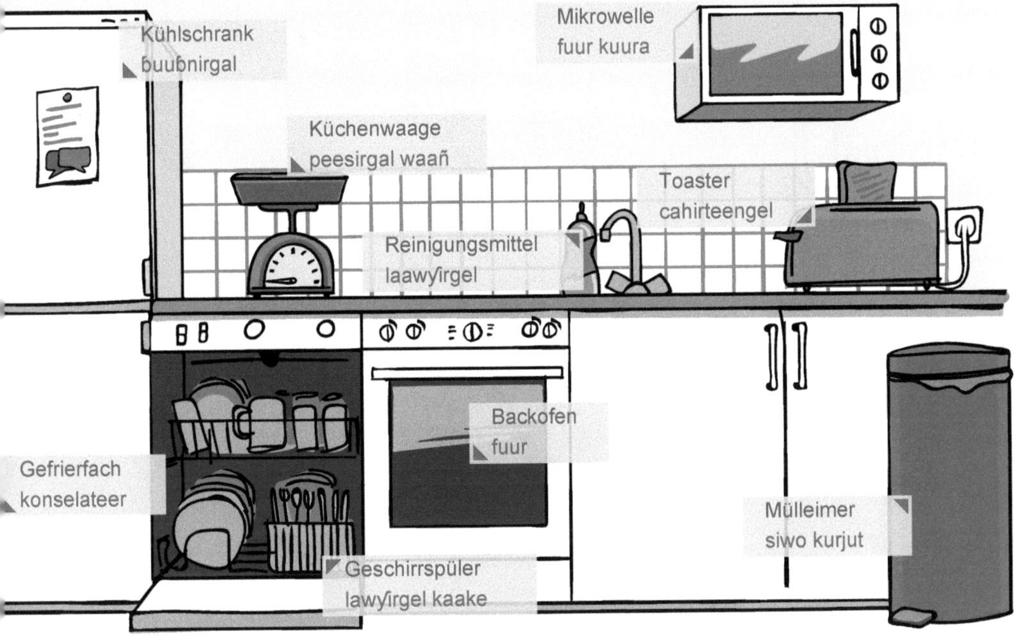

Kühlschrank
ɓuuɓnirgal
Mikrowelle
fuur kuura
Küchenwaage
peesirgal waañ
Toaster
cahirteengel
Reinigungsmittel
laawƴirgel
Backofen
fuur
Gefrierfach
konselateer
Mülleimer
siwo kurjut
Geschirrspüler
lawƴirgel kaake

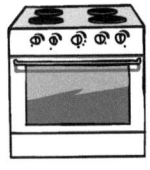

Herd

fuurno

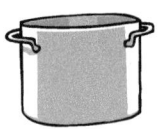

Topf

pot

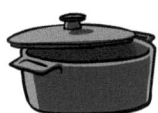

Eisentopf

barme

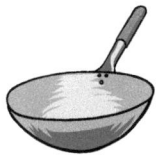

Wok / Kadai

kasorol

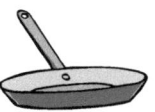

Pfanne

kasorol

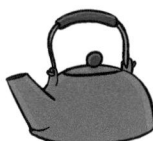

Wasserkocher

satalla

Dampfgarer

suppere defirteende

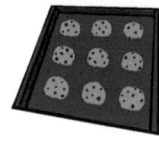

Backblech

pool defirteeɗo

Geschirr

lawyugol kaake

Becher

pot jarduɗo

Schale

suppeere

Essstäbchen

ñibirgon ñaamdu

Suppenkelle

kuddu luus

Pfannenwender

kayit ɗakirteeɗo

Schneebesen

iirtude

Kochsieb

ceɗirgel

Sieb

tame

Reibe

keefirgel

Mörser

moññirgal

Grill

juɗgol

Feuerstelle

jeyngol e henndu

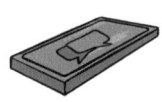

Schneidebrett

coppirgal

Nudelholz

degnirgel ñaamdu
feewnateendu

Korkenzieher

udditirgel butel

Dose

buwaat

Dosenöffner

udditirgel buwat

Topflappen

nangirgel pot

Waschbecken

siimtude

Bürste

boros

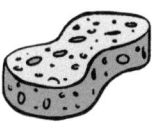

Schwamm

eppoos

Mixer

jiibirgel

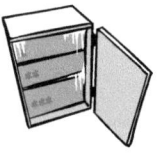

Gefriertruhe

battowel galaas

Babyflasche

jardugel tiggu

Wasserhahn

robine

Küche - waañ

Badezimmer

tarodde

Heizung
gulnirgel suudo
Handtuch
momtirgel
Dusche
lootogol
Duschvorhang
birnirgel lootorgal
Schaumbad
lootogol e ngufu
Badewanne
ngaska ɓuftorteengo
Glas
weer
Waschmaschine
masinŋ lootnoowo
Wasserhahn
robine
Fliesen
kette senge
Töpfchen
potsamburu
Waschbecken
siimtude

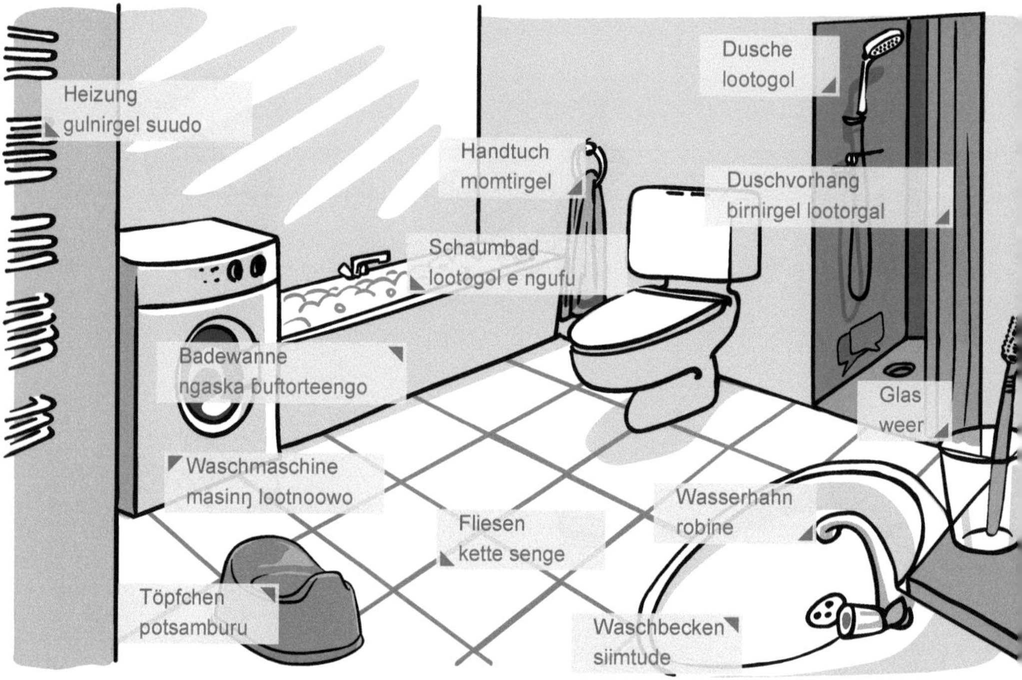

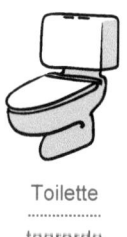

Toilette
....
taarorde

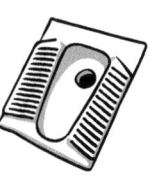

Hocktoilette
....
joɗorgal kuwirteengal

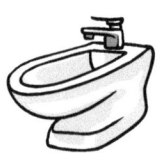

Bidet
....
biisirgel ndiyam

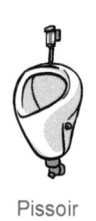

Pissoir
....
taarodde

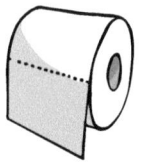

Toilettenpapier
....
kaayit momtirɗo

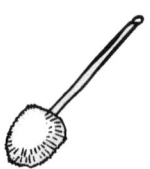

Toilettenbürste
....
boros taarorde

Zahnbürste

coccorgal ƴiiye

Zahnpasta

sabunde ƴiiye

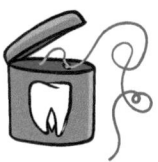

Zahnseide

gaarowol ñiire

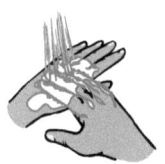

waschen

lawƴude

Handbrause

ɓoggol lootirteengol

Intimdusche

buftogol

Waschschüssel

loowirteengel

Rückenbürste

demirgel huɗo

Seife

sabunnde

Duschgel

saabunde ɓuftorteende

Shampoo

sampoye

Waschlappen

limsere wiro

Abfluss

ciiygol

Creme

kerem

Deodorant

uurnirgel

Spiegel

daandorgal

Kosmetikspiegel

daandorgal pamoral

Rasierer

pembirgel

Rasierschaum

ngufu pembol

Rasierwasser

moomiteengel pembol

Kamm

yeesoode

Bürste

boros

Föhn

joornirgel sukunndu

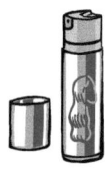

Haarspray

peewnirgel sukunndu

Makeup

makiyaas

Lippenstift

joodirgel toni

Nagellack

momtirgel cegeneeji

Watte

garowol wiro

Nagelschere

siso cegeneeji

Parfum

parfon

Kulturbeutel

waxande lootorgal

Hocker

kuudi

Waage

peesirgal

Bademantel

wutte cuftorteeɗo

Gummihandschuhe

gaɲuuji dalli

Tampon

momtirer ƴiiƴam ella

Damenbinde

kuus tiggu

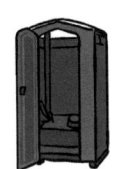

Chemietoilette

lootogol simik

Kinderzimmer

suudu sakaaɓe

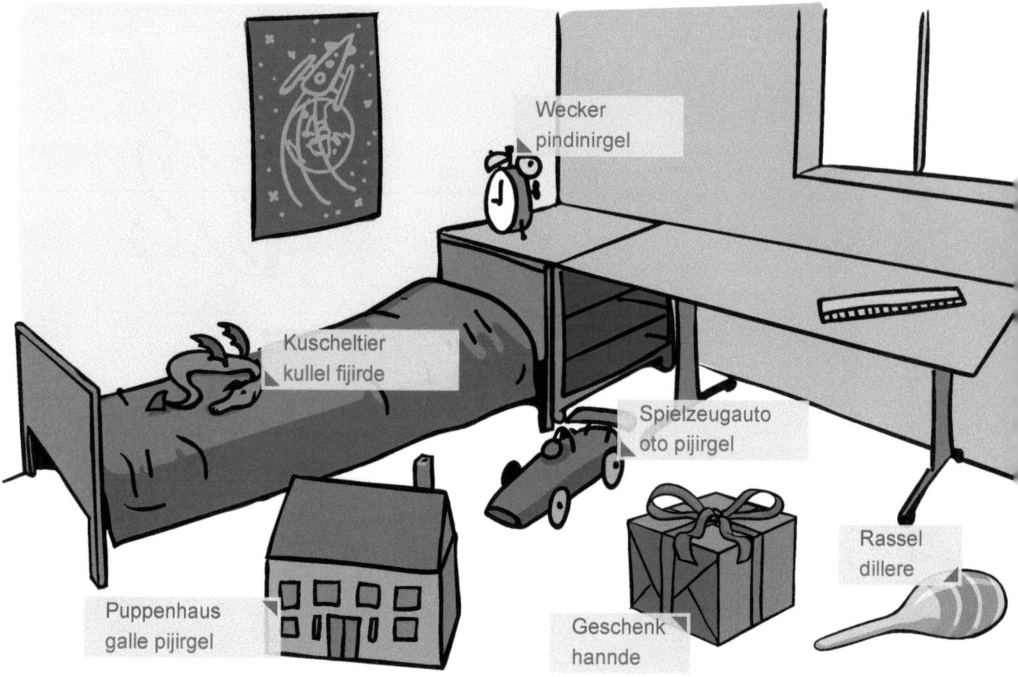

Wecker
pindinirgel
Kuscheltier
kullel fijirde
Spielzeugauto
oto pijirgel
Rassel
dillere
Puppenhaus
galle pijirgel
Geschenk
hannde

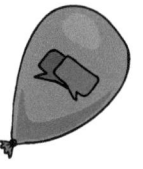

Ballon

sumalle dalli

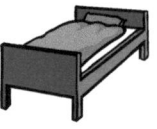

Bett

leeso

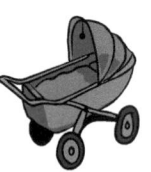

Kinderwagen

duñirgel tiggu

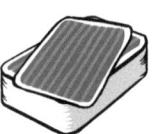

Kartenspiel

nokkere karte

Puzzle

fijirde lombondirgol

SUPER
MEGA

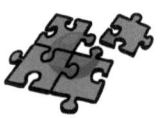

Comic

njalniika

Legosteine

pijirgel tuufeeje

Bausteine

tuufeeje

Action Figur

pijirgel

Strampelanzug

comcol tiggu

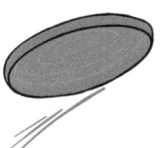

Frisbee

palaat diwwoow

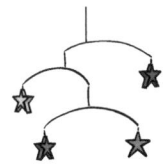

Mobile

noddirgel

Brettspiel

pijirgel

Würfel

dee

Modelleisenbahn

ñemtinirgel laana ndegoowa

Schnuller

neɗɗo fuuunti

Party

fijirde

Bilderbuch

deftere nate

Ball

bal

Puppe

puppe

spielen

fijde

Sandkasten

mbalka ceenal

Schaukel

beeltirgal

Spielzeug

pijirgel

Spielkonsole

pijiteengel see widewo

Dreirad

welo biifi tati

Teddy

pijirgel kullel urs

Kleiderschrank

armuwaar

Kleidung
comcol

Socken

kawase

Strümpfe

kawase

Strumpfhose

tuubayon bittukon

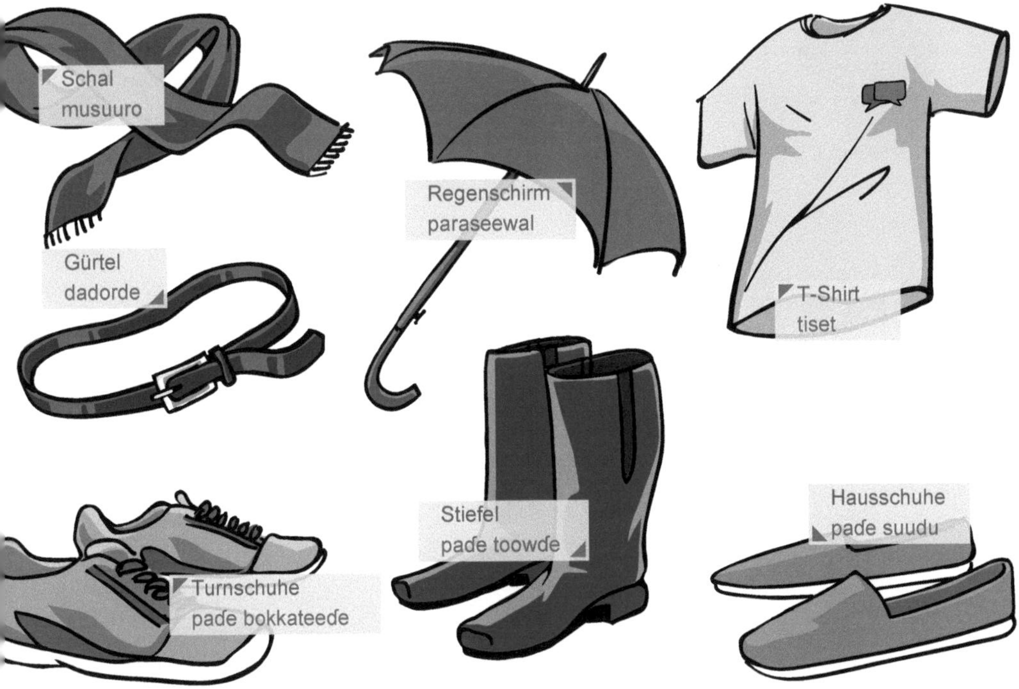

Schal
musuuro

Regenschirm
paraseewal

T-Shirt
tiset

Gürtel
dadorde

Stiefel
pade toowde

Hausschuhe
pade suudu

Turnschuhe
pade bokkateede

Sandalen

pade diwa

Schuhe

pade

Gummistiefel

padde toowde lirotoode

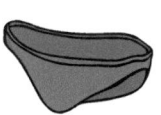

Unterhose

cakkirɗi

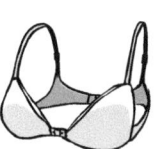

Büstenhalter

sucengors

Unterhemd

silet

Body

banndu

Hose

tuuba

Jeans

jiin

Rock

robbo

Bluse

buluson

Hemd

simis

Pullover

piliweer

Kapuzenpullover

weste nebbu

Blazer

layset

Jacke

jaget

Mantel

weste juuɗɗo

Regenmantel

wutte toɓo

Kostüm

kostim

Kleid

robbo

Hochzeitskleid

robbo yange

Anzug

weste

Nachthemd

wutte baalduɗo

Schlafanzug

pijama

Sari

sari

Kopftuch

muusooro

Turban

kaala

Burka

kaala

Kaftan

sabndoor

Abaya

abbaay

Badeanzug

comcol lumbirogol

Badehose

cakkirɗi

Kurze Hose

kilot

Trainingsanzug

joogin

Schürze

limsere deffowo

Handschuhe

gaɲuuji

Knopf

boddirgel

Brille

lone

Armband

jawo

Halskette

cakka

Ring

feggere

Ohrring

hootonde

Mütze

laafa

Kleiderbügel

liggirgal weste

Hut

laafa

Krawatte

karawat

Reißverschluss

zip

Helm

laafa ndeenka

Hosenträger

ganŋ

Schuluniform

comcol dudal

Uniform

iniform

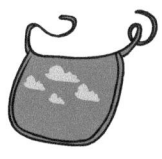

Lätzchen

sarbetel daande

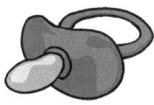

Schnuller

neɗɗo fuuunti

Windel

kuus

Büro

gollirgal

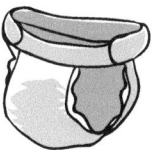

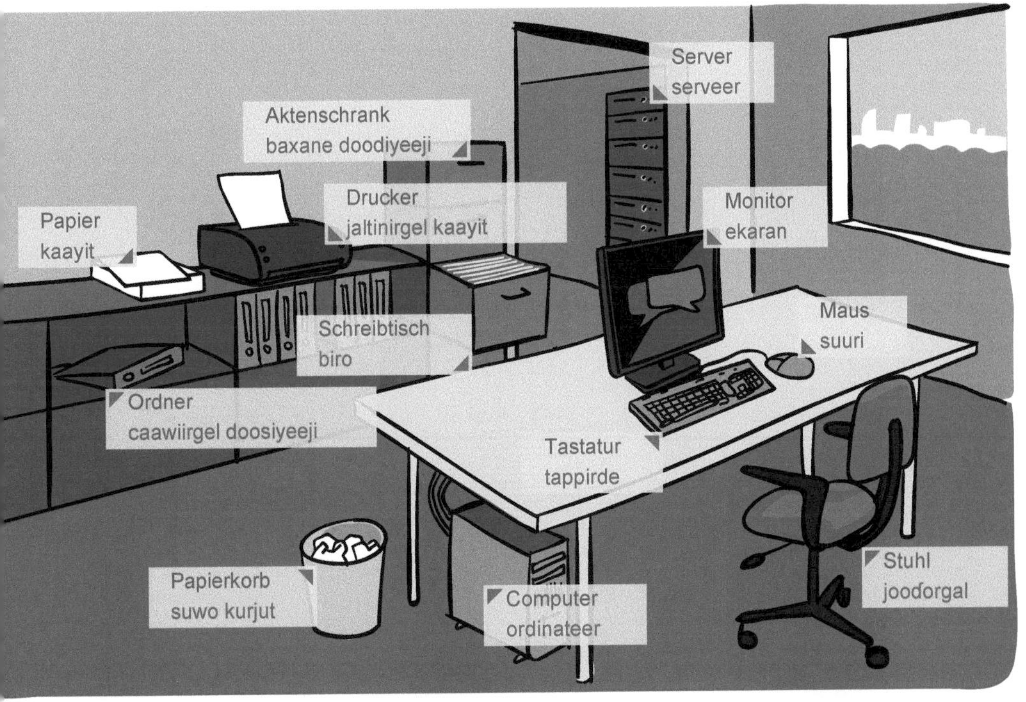

Server
serveer
Aktenschrank
baxane doodiyeeji
Drucker
jaltinirgel kaayit
Papier
kaayit
Monitor
ekaran
Maus
suuri
Schreibtisch
biro
Ordner
caawiirgel doosiyeeji
Tastatur
tappirde
Papierkorb
suwo kurjut
Computer
ordinateer
Stuhl
jooɗorgal

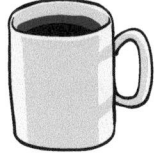

Kaffeebecher

kuppu kafe

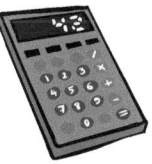

Taschenrechner

qiimorgal

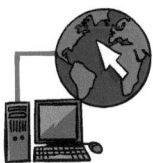

Internet

enternet

	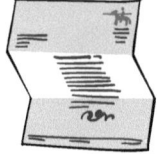	
Laptop	Brief	Nachricht
ordinateer beelnateeɗo	ɓataake	ɓataake

Handy	Netzwerk	Kopierer
noddirgel	reso	cottitirgel

Software	Telefon	Steckdose
losisiyel	noddirgel	ceŋirgel ɓoggol kuura
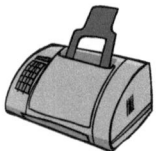	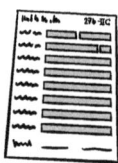	
Fax	Formular	Dokument
masinŋ faks	mbaadi	dokiman

kaufen

soodde

bezahlen

soodde

handeln

yeyde

Geld

kaalis

Dollar

dolaar

Euro

eroo

Yen

yen

Rubel

ruubal

Franken

faran Siwis

Renminbi Yuan

yuwaan renminbi

Rupie

rupii

Geldautomat

masinŋ keestordo kaalis

Wechselstube

nokku beccugol e neldugol

Gold

kanŋe

Silber

kaalis

Öl

esaans

Energie

sembe

Preis

coggu

Vertrag

kontara

Steuer

taks

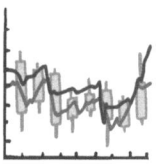

Aktie

marsandiss moftaaɗo

arbeiten

gollude

Angestellter

gollinteeɗo

Arbeitgeber

gollinoowo

Fabrik

isin

Geschäft

bitik

Berufe
haajuuji

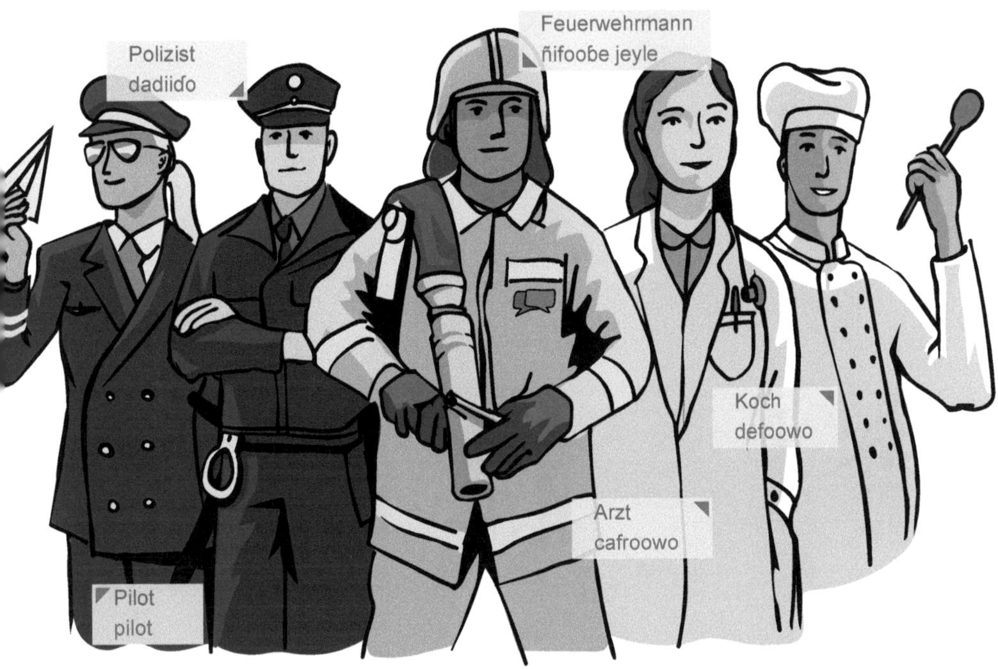

Polizist
dadiiɗo
Feuerwehrmann
ñifooɓe jeyle
Koch
defoowo
Arzt
cafroowo
Pilot
pilot

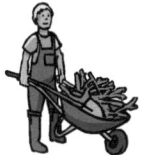

Gärtner

toppitiiɗo sardin

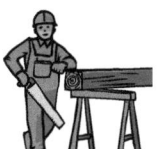

Tischler

minise

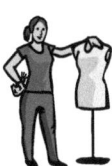

Näherin

ñootoowo

Richter

ñaawoowo

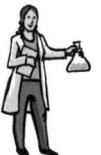

Chemiker

simist e ɗemngal farayse

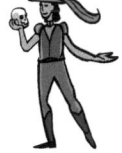

Schauspieler

aktoor

Busfahrer

dognoowo biis

Taxifahrer

dognoowo taksi

Fischer

gawoowo

Putzfrau

pittoowo

Dachdecker

cengirɗe huɓeere

Kellner

carwoowo

Jäger

daddoowo

Maler

pentiroowo

Bäcker

piyoowo mburu

Elektriker

gollowo kuura

Bauarbeiter

mahoowo

Ingenieur

enseñeer

Schlachter

jeyoowo teew keso

Klempner

polombiyer

Postbote

nawoowo ɓatakuuji

Soldat

kooninke

Architekt

diidoowo ɓahanteeri

Kassierer

kestotooɗo

Florist

jeyoowo fuloraaji

Friseur

mooroowo

Schaffner

dognoowo

Mechaniker

mekanisiyenŋ

Kapitän

kapiteen

Zahnarzt

cafroowo ƴiiƴe

Wissenschaftler

miijotooɗo

Rabbi

kellifaaɗo diine to israayel

Imam

imaam

Mönch

muwaan e e ɗemngal farayse

Geistlicher

kellifaaɗo diine heerereeɓe

Berufe - haajuuji

Werkzeuge
kuutorɗe

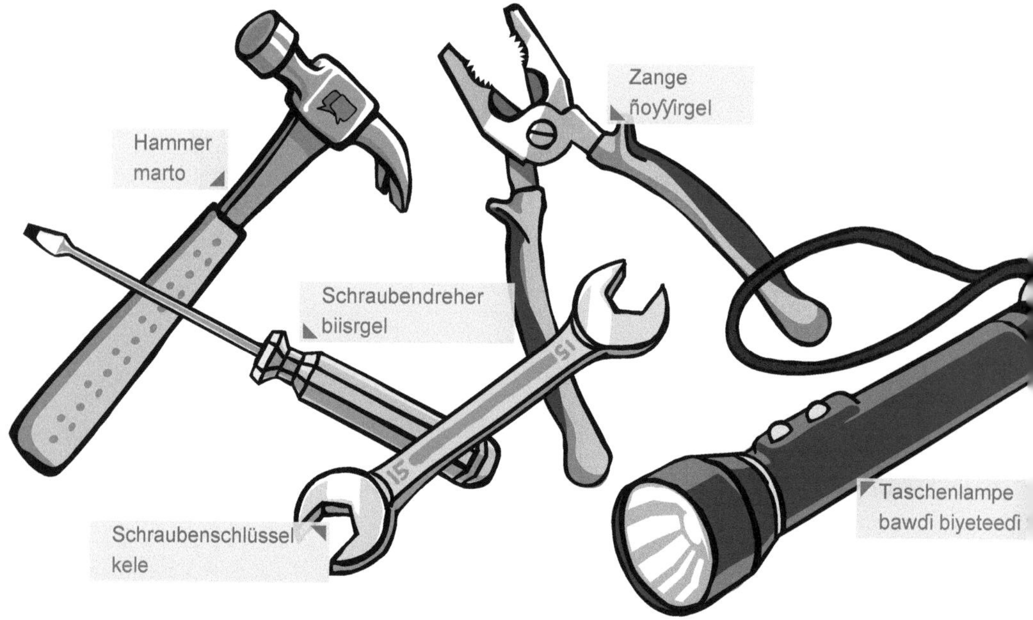
Hammer
marto
Zange
ñoƴƴirgel
Schraubendreher
biisrgel
Schraubenschlüssel
kele
Taschenlampe
bawɗi biyeteeɗi

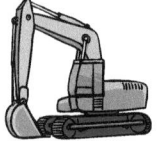

Bagger
pikku

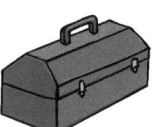

Werkzeugkasten
baxanel kaɓorɗe

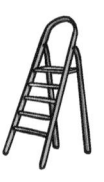

Leiter
ŋabbirgal

Säge
taƴirgal

Nägel
ƴiɓirɗe

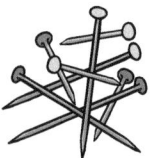

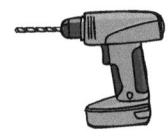

Bohrer
julirgal

reparieren
fewnitde

Schaufel
nokkirgel

Mist!
Soo!

Kehrblech
boftirgel kurjut

Farbtopf
pot penttiir

Schrauben
wiisuuji

Musikinstrumente
kongirgon misik

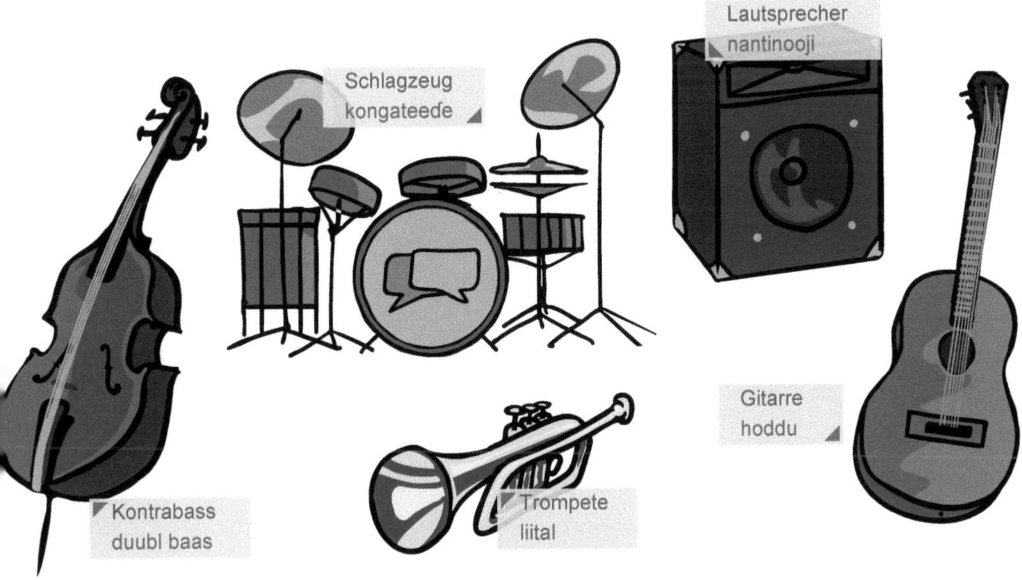

Lautsprecher
nantinooji

Schlagzeug
kongateeɗe

Gitarre
hoddu

Kontrabass
duubl baas

Trompete
liital

Klavier
piayaano

Violine
wiyolon

Bass
baas

Pauke
bowɗi biyeteeɗi timpani

Trommeln
bawɗi

Keyboard
tappirgal

Saxophon
saksofoon

Flöte
nguurdu

Mikrofon
mikoro

Zoo

nokku kullon

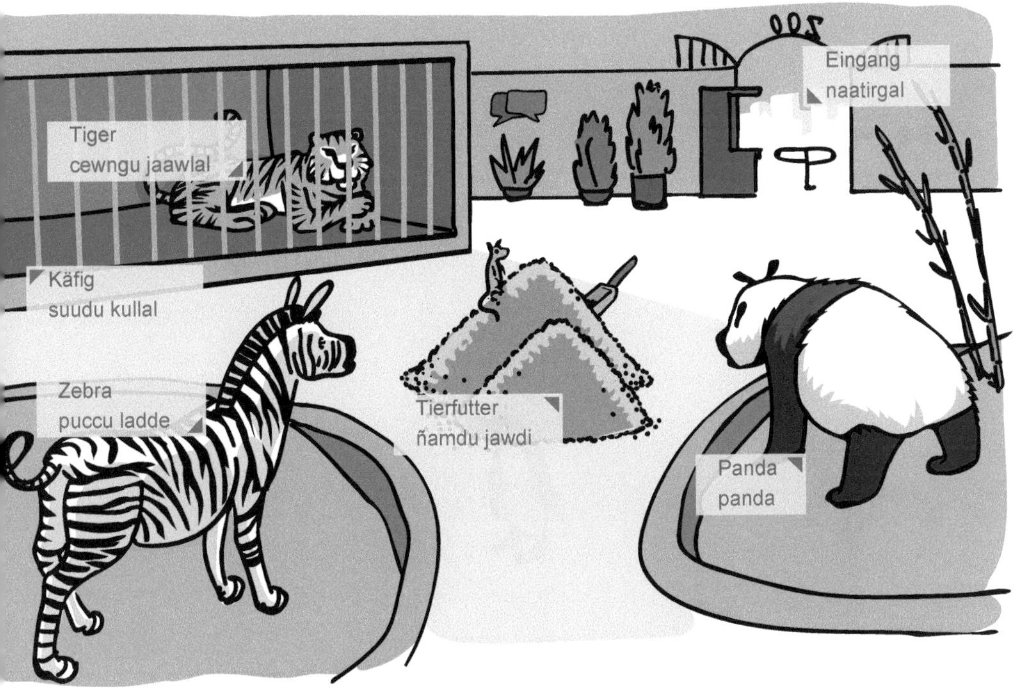
Eingang
naatirgal
Tiger
cewngu jaawlal
Käfig
suudu kullal
Zebra
puccu ladde
Tierfutter
ñamdu jawdi
Panda
panda

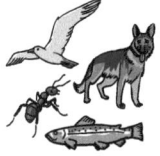

Tiere

kulle

Elefant

ñiiwa

Känguru

kanguru

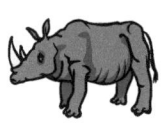

Nashorn

rinoseros

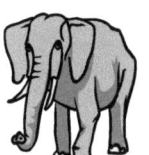

Gorilla

waandu mowndu

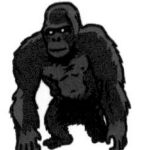

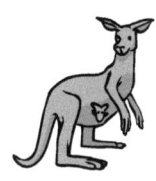

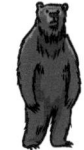

Bär

urs

Kamel

ngelooba

Strauß

sundu ɓurndu mownude

Löwe

mbaroodi

Affe

waandu

Flamingo

ñaaral pural

Papagei

seku

Eisbär

urso galaas

Pinguin

liingu wiyeteendu penguwe

Hai

lingu reke

Pfau

ndiwri wiyeteendu pawon

Schlange

laadoori

Krokodil

nooro

Zoowärter

deenoowo zoo

Robbe

togoori ndiyam wiyeteendu
fok e farayse

Jaguar

cewngu

Pony

molu

Leopard

cewngu

Nilpferd

ngabu

Giraffe

njabala

Adler

ciilal

Wildschwein

mbabba tugal

Fisch

liingu

Schildkröte

heende

Walross

kullal biyeteengal morse

Fuchs

renaar

Gazelle

lella

American Football
Fuggukoyngel Amerknaaɓe

Radfahren
dognugol welo

Tennis
tenis

Basketball
beysbol

Schwimmen
lumbagol

Boxen
boks

Eishockey
fuggukoyngel e galaas

Fußball
Fuggukoyngel

Badminton
badminton

Leichtathletik
atelettuuji

Handball
hanbol

Skilaufen
fijirɗe deggol e nees

Polo
polo

Aktivitäten
golle

lachen
jalde
springen
diwde
umarmen
ɓuucaade
gehen
yaade
singen
yimde
träumen
hoyɗitaade
beten
juulde
küssen
ɓuucaade

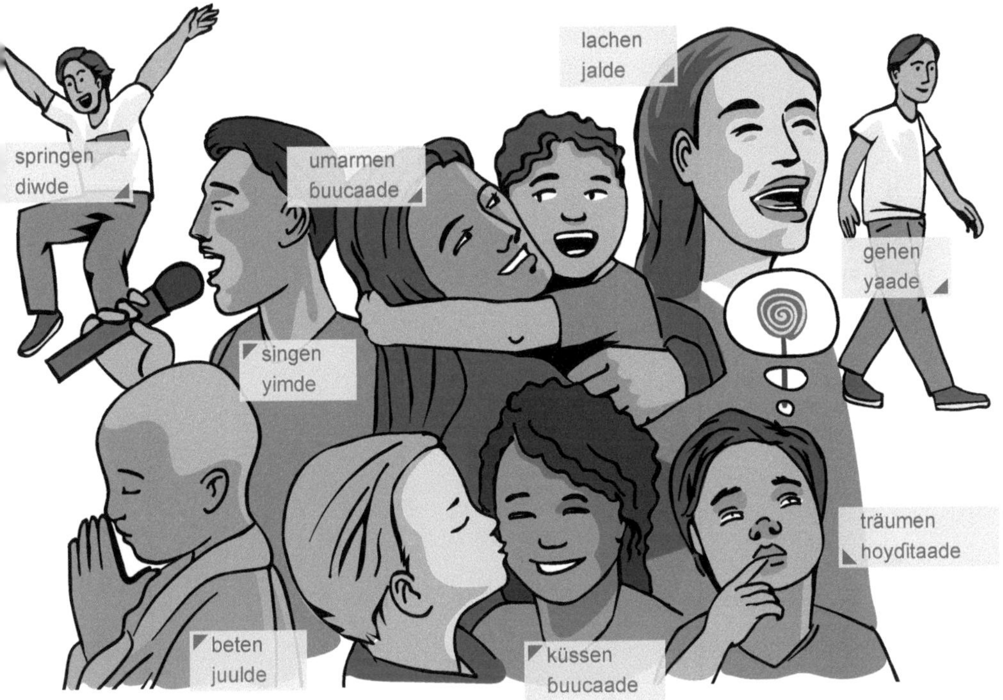

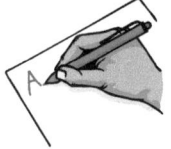

schreiben

windude

zeichnen

siifde

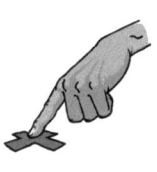

zeigen

hollude

drücken

duñde

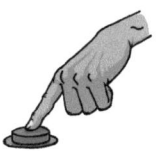

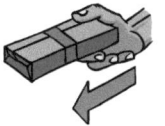

geben

rokkude

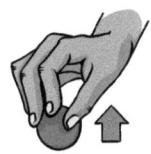

nehmen

ƴettude

haben

deñde

tun

wadde

sein

wonde

stehen

ummaade

laufen

dogde

ziehen

foodde

werfen

weddaade

fallen

yande

liegen

fende

warten

sabbaade

tragen

roondaade

sitzen

joodaade

anziehen

boornaade

schlafen

daanaade

aufwachen

finde

ansehen	weinen	streicheln
ẙeewde	woyde	helde

kämmen	reden	verstehen
yeesaade	haalde	faamde

fragen	hören	trinken
naamnaade	heďaade	yarde

essen	aufräumen	lieben
ñaamde	hawrinde	yiďde

kochen	fahren	fliegen
defde	dognude	diwde

segeln

awyùde

rechnen

qimaade

lesen

jangude

lernen

jangude

arbeiten

gollude

heiraten

resde

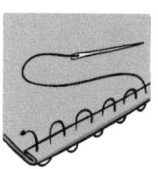

nähen

ñootde

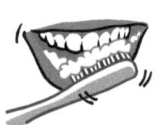

Zähne putzen

soccaade ƴiiƴe

töten

warde

rauchen

simmaade

senden

neldude

Familie
ɓesngu

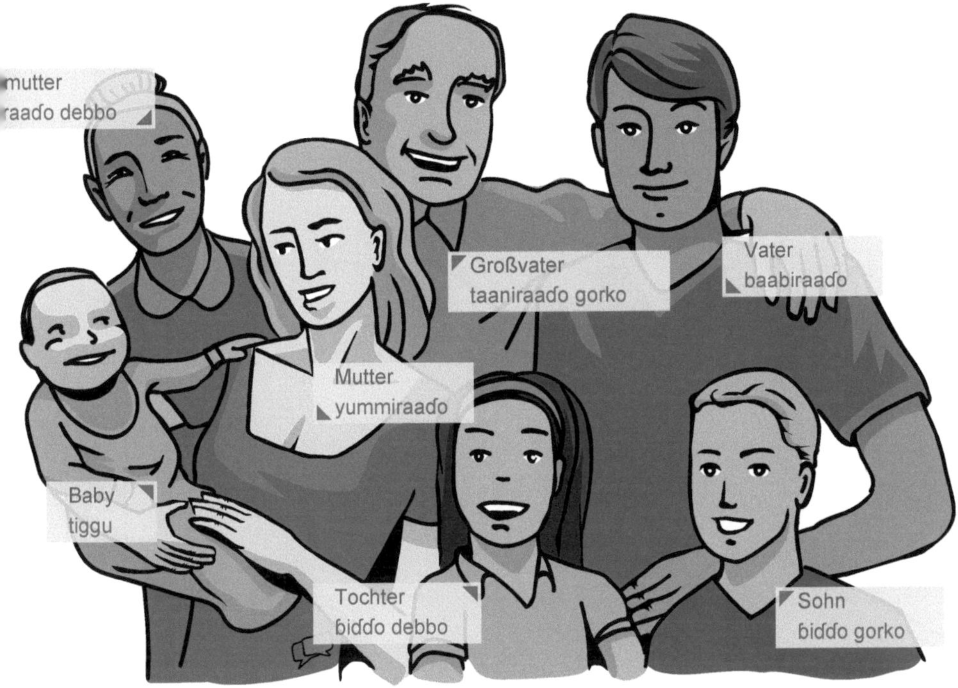
mutter
raaɗo debbo
Großvater
taaniraaɗo gorko
Vater
baabiraaɗo
Mutter
yummiraaɗo
Baby
tiggu
Tochter
ɓiɗɗo debbo
Sohn
ɓiɗɗo gorko

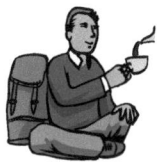

Gast
kodo

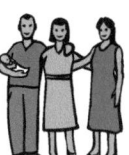

Tante
goggiraaɗo

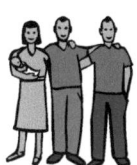

Onkel
kaawiraaɗo

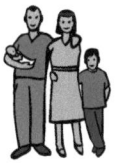

Bruder
mowniraaɗo gorko

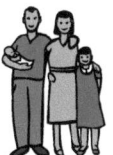

Schwester
mowniraaɗo debbo

Körper

ɓandu

Stirn
tiinde
Auge
yiitere
Schulter
walabo
Finger
feɗendu
Gesicht
yeeso
Kinn
waare
Hand
jungo
Bein
koyngal
Brust
endu
Arm
jungo

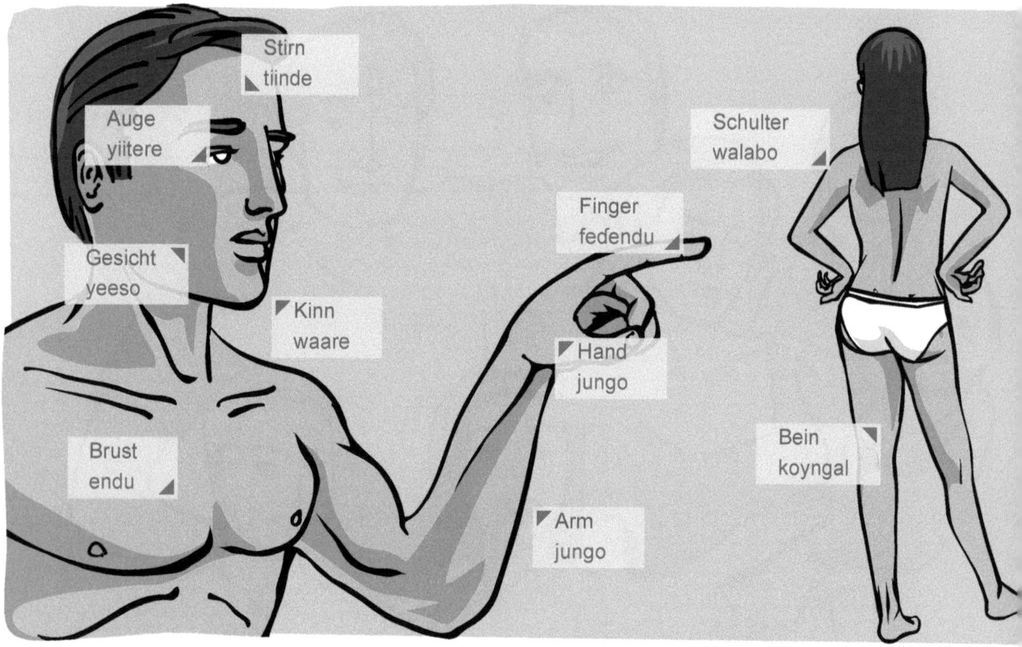

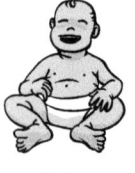

Baby
tiggu

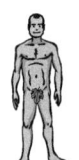

Mann
gorko

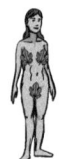

Frau
debbo

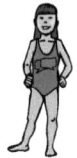

Mädchen
deftere kongoli

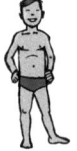

Junge
suka gorko

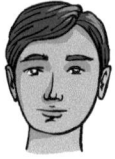

Kopf
hoore

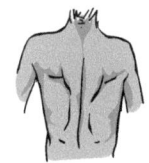

Rücken

keeci

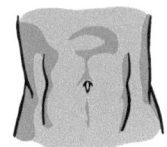

Bauch

reedu

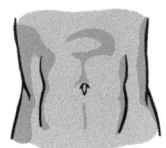

Nabel

wuddu

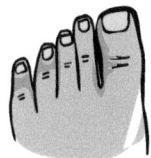

Zeh

feɗendu koyngal

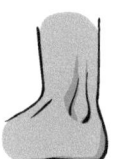

Ferse

jabborgal

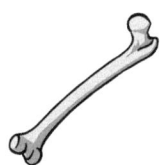

Knochen

ƴiyal

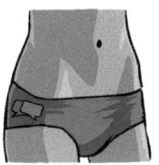

Hüfte

rotere

Knie

hofru

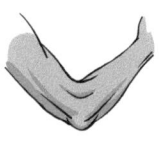

Ellenbogen

salndu junngu

Nase

hinere

Gesäß

dote

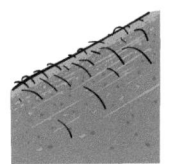

Haut

nguru

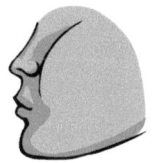

Wange

aɓbulo

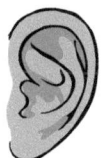

Ohr

nofru

Lippe

tonndu

Mund	Zahn	Zunge
hunuko	ñiire	ɗemngal

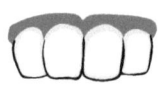

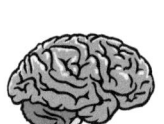

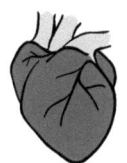

Gehirn	Herz	Muskel
ngaandi	ɓernde	ƴiyal

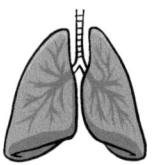

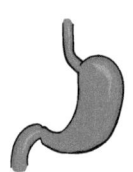

Lunge	Leber	Magen
wecco	heeñere	estoma

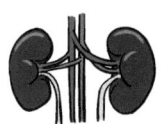

Nieren	Geschlechtsverkehr	Kondom
tekteki mawni	terɗe	laafa ndeenka

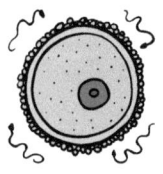

Eizelle	Sperma	Schwangerschaft
ɓoccoonde maniya	maniya	reedu

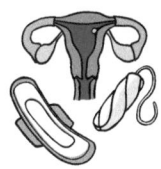

Menstruation

yiiƴam ella

Vagina

farja

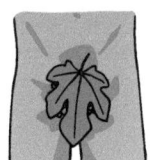

Penis

kaake

Augenbraue

leeɓi dow yiitere

Haar

sukunndu

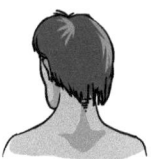

Hals

daande

Krankenhaus
suudu safirdu

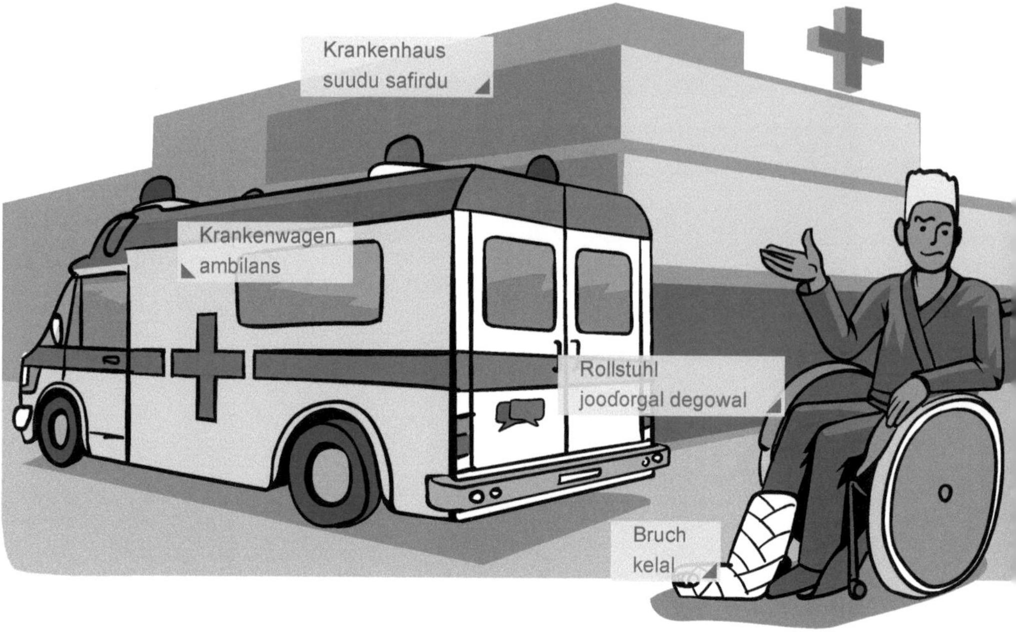

Krankenhaus
suudu safirdu
Krankenwagen
ambilans
Rollstuhl
jooɗorgal degowal
Bruch
kelal

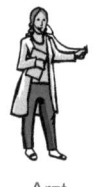

Arzt

cafroowo

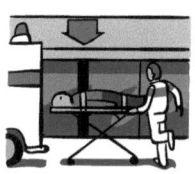

Notaufnahme

suudo irsaans

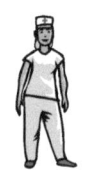

Krankenschwester

cafroowo

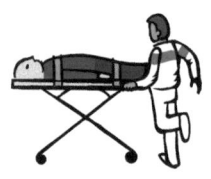

Notfall

irsaans

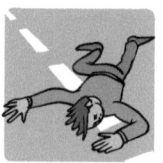

ohnmächtig

paɗɗiiɗo

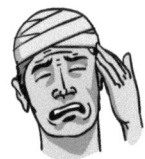

Schmerz

muuseeki

Verletzung

gaañande

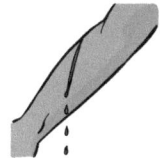

Blutung

tuyƴude

Herzinfarkt

bernde dartiinde

Schlaganfall

darogol ɓernde

Allergie

alersi

Husten

ɗojjugol

Fieber

nguleeki ɓandu

Grippe

maɓɓo

Durchfall

reedu dogooru

Kopfschmerzen

muuseeki hoore

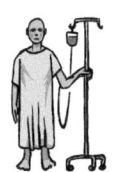

Krebs

kanser

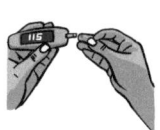

Diabetis

jabet

Chirurg

operasiyon

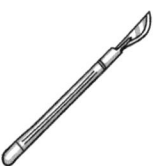

Skalpell

ceekirgel

Operation

operasiyon

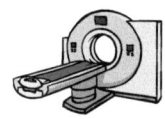

CT

CT

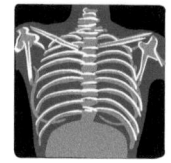

Röntgen

reyon-x

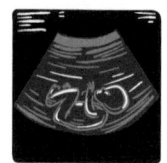

Ultraschall

iltarason

Maske

mask yeeso

Krankheit

ñaw

Wartezimmer

suudu sabbordu

Krücke

sawru tuggorgal

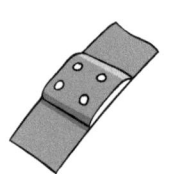

Pflaster

palatar

Verband

bandaas

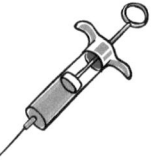

Injektion

pikkitagol

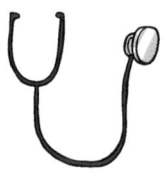

Stethoskop

keɗirgel dille ɓandu

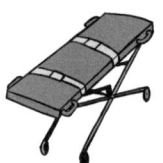

Trage

balankaaru

Thermometer

betirgel nguleeki ɓanndu

Geburt

jibinegol

Übergewicht

ɓandu ɓurtundu

Hörgerät

ɓallotirgel nonooje

Desinfektionsmittel

desefektan

Infektion

infeksiyon

Virus

viris

HIV / AIDS

HIV / SIDA

Medizin

safaara

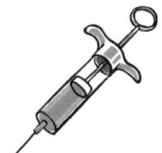

Impfung

ñakko

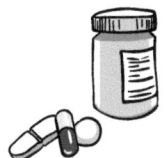

Tabletten

tabletuuji

Pille

foɗɗere

Notruf

noddaango heñoraango

Blutdruck-Messgerät

ɓetirgel dogdu ƴiiƴam

krank / gesund

sellaani / salli

Hilfe!

Paaɓoɗe!

Alarm

tintinirgel

Überfall

jangol

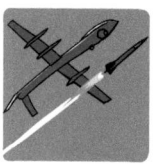

Angriff

yande e

Gefahr

musiiba

Notausgang

damal dandirgal

Feuer!

Paaɓoɗe!

Feuerlöscher

ñifirgel jeynge

Unfall

aksida

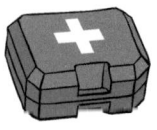

Erste-Hilfe-Koffer

geɗe cafrorɗe gadane

SOS

BALLAL

Polizei

Polis

Europa

Erop

Nordamerika

Amerik to Rewo

Südamerika

Amerik to Worgo

Afrika

Afiriki

Asien

Asi

Australien

Ostarali

Atlantik

Atalantik

Pazifik

Pasifik

Indischer Ozean

Oseyan Enje

Antarktischer Ozean

Oseyan Antarktik

Arktischer Ozean

Osean Arkatik

Nordpol

Bange Rewo

Südpol

Bange Worgo

Antarktis

Antarktik

Erde

Leydi

Land

leydi

Meer

maayo mawngo

Insel

wuro nder ndiyam

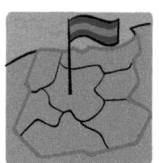

Nation

leydi

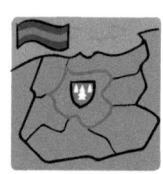

Staat

jamaanu

Zifferblatt

yeeso montoor

Stundenzeiger

misalel waqtu

Minutenzeiger

misalel hojomaaji

Sekundenzeiger

misalel majanɗe

Wie spät ist es?

Hol waqtu jonɗo?

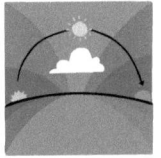

Tag

ñalawma

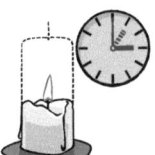

Zeit

saha

jetzt

jooni

Digitaluhr

montoor disitaal

Minute

hojom

Stunde

waqtu

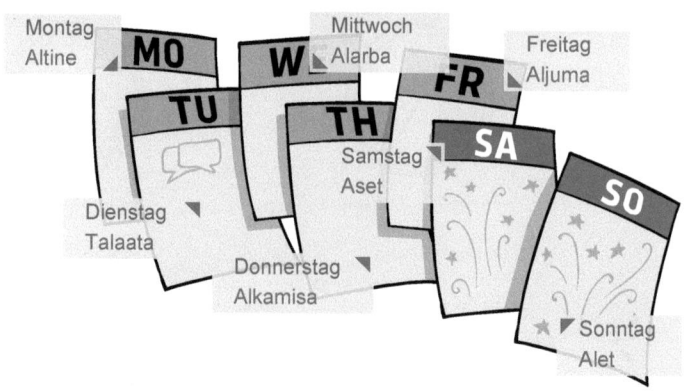

Montag
Altine

Mittwoch
Alarba

Freitag
Aljuma

Dienstag
Talaata

Samstag
Aset

Donnerstag
Alkamisa

Sonntag
Alet

gestern

hanki

heute

hande

morgen

jango

Morgen

subaka

Mittag

beetawe

Abend

kikiiɗe

Arbeitstage

ñalawmaaji golle

Wochenende

ñalamaaji fooftere

Jahr
hitaande

Regen
toɓo
Regenbogen
timtimol
Schnee
nees
Wind
hendu
Frühling
caggal dabbunde
Herbst
dabbunde
Sommer
ndungu
Winter
dabbunde

4.APRIL 11°
5.APRIL 4°
6.APRIL 13°
7.APRIL 8°
8.APRIL 10°

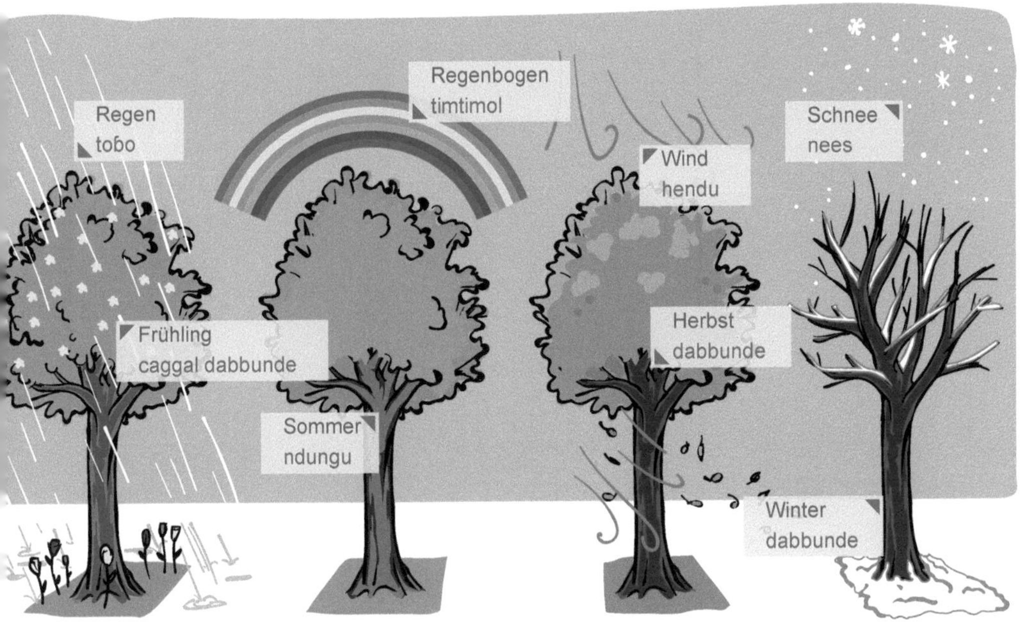

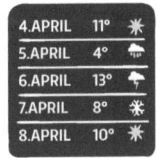

Wettervorhersage

kabrugol geɗe weeyo

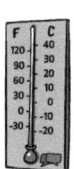

F C
120 40
90 30
60 20
30 10
0 0
-30 -10
-20

Thermometer

ɓetirgal nguleeki

Sonnenschein

nguleeki naange

Wolke

duulal

Nebel

niɓɓere niwri

Luftfeuchtigkeit

ɓuuɓol

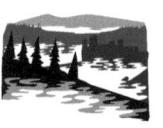

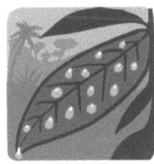

Blitz

majaango

Donner

gidango

Sturm

hendu yaduungo e gidaali

Hagel

toɓo mawngo

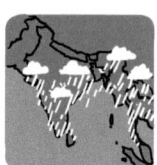

Monsun

keneeli mawɗi

Flut

toɓo yooloongo

Eis

galaas

Januar

Janwiye

Februar

Feeviriye

März

Mars

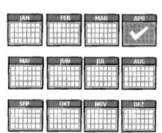

April

Awril

Mai

Me

Juni

Suwe

Juli

Suliye

August

Ut

September
....
Setanbar

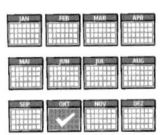

Oktober
....
Oktobar

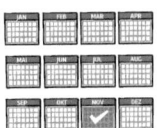

November
....
Noowambar

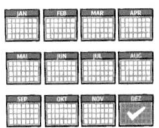

Dezember
....
Desambar

Formen

Mbaadi

Kreis
....
taaridum

Quadrat
....
bangeeji potdi

Rechteck
....
rektangal

Dreieck
....
tiriyangal

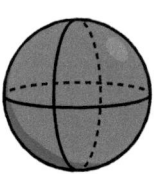

Kugel
....
esfeer

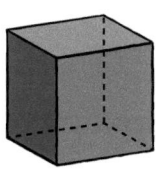

Würfel
....
kib

weiß

deneejo

gelb

puro

orange

oraas

pink

roos

rot

boɗeejo

lila

yolet

blau

bulaajo

grün

werte

braun

baka

grau

giri

schwarz

ɓaleejo

viel / wenig

heewi / famɗi

wütend / friedlich

mittinɗo / deeyɗo

hübsch / hässlich

yooɗi / soofi

Anfang / Ende

fuɗɗorde / gasirde

groß / klein

mawni / famɗi

hell / dunkel

leeri / ɗibbiɗi

Bruder / Schwester

ɲawniraaɗo gorko / debbo

sauber / schmutzig

laaɓi / tulmi

vollständig / unvollständig

timmi / manki

Tag / Nacht

ɲalawma / jamma

tot / lebendig

mayi / wuuri

breit / schmal

yaaji / ɓitti

genießbar / ungenießbar

ñaame / ñaametaake

böse / freundlich

bonɗum / moyƴi

aufgeregt / gelangweilt

weelti / deeyi

dick / dünn

butto / cewɗo

zuerst / zuletzt

gadiiɗo / cakkitiiɗo

Freund / Feind

sehil / gaño

voll / leer

heewi / ɓolɗi

hart / weich

tiiɗi / hoyi

schwer / leicht

teddi / hoyi

Hunger / Durst

heege / ɗomka

krank / gesund

sellaani / salli

illegal / legal

dagaaki / dagi

intelligent / dumm

ƴoyi / ƴiƴaani

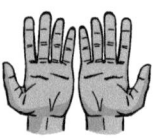

links / rechts

ñaamo / nano

nah / fern

ɓadi / woɗɗi

neu / gebraucht
keso / kiiɗɗo

nichts / etwas
haydara / huunde

alt / jung
nayeeji / suka

an / aus
ne heen / ala heen

offen / geschlossen
udditi / uddi

leise / laut
deeɲi / dilla

reich / arm
galo / baasɗo

richtig / falsch
feewi / feewaani

rau / glatt
tekki / ɗaati

traurig / glücklich
suni / weelti

kurz / lang
daɓɓo / jutɗo

langsam / schnell
leeli / yaawi

nass / trocken
leppi / yoori

warm / kühl
wuli / ɓuuɓi

Krieg / Frieden
hare / jam

Gegenteile - ceertuɗe

0

null

meere

1

eins

goo

2

zwei

điđi

3

drei

tati

4

vier

nay

5

fünf

joy

6

sechs

jeegom

7

sieben

seeđiđi

8

acht

jeetati

9

neun

jeenay

10

zehn

sappo

11

elf

sappo e goo

12	**13**	**14**
zwölf	dreizehn	vierzehn
sappo e ɗiɗi	sppo e tati	sappo e nay

15	**16**	**17**
fünfzehn	sechzehn	siebzehn
sappo e joy	sappo e jeegom	sappo e jeeɗiɗi

18	**19**	**20**
achtzehn	neunzehn	zwanzig
sappo e jeetati	sappo e jeenay	noogas

100	**1.000**	**1.000.000**
hundert	tausend	million
teemedere	ujunere	miliyonŋ

Englisch

Angale

Amerikanisches Englisch

Angale Amerik

Chinesisch Mandarin

Mandare Siin

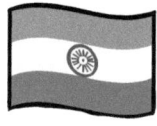

Hindi

Indo

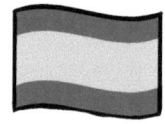

Spanisch

Español

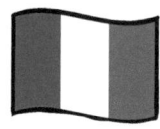

Französisch

Farayse

Arabisch

Arab

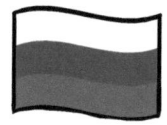

Russisch

Riis

Portugiesisch

Portige

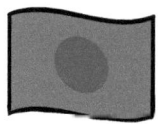

Bengalisch

Bengali

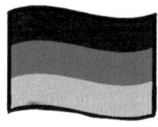

Deutsch

Alma

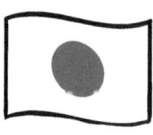

Japanisch

Sappone

ich
miin

du
ann

♂ ♀ ○

er / sie / es
kaŋko / kaŋko / kañum

wir
minen

ihr
onon

sie
kamɓe

wer?
holi oon?

was?
hol ɗum?

wie?
hol no?

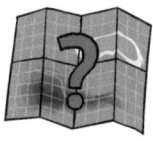

wo?
hol toon?

wann?
mande?

Name
innde

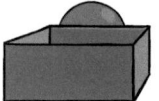

hinter

caggal

in

nder

vor

yeeso

über

hedde

auf

dow

unter

les

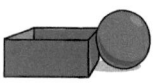

neben

sara

zwischen

hakkunde

Ort

nokku